인권도 난민도 평화도 환경도 NGO가 달려가 해결해 줄게

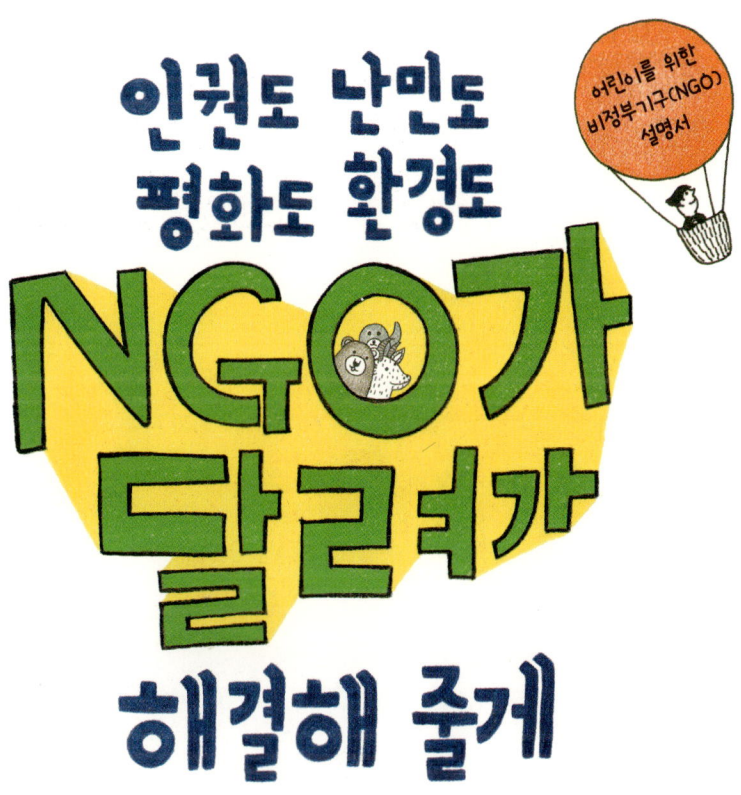

어린이를 위한 비정부기구(NGO) 설명서

이혜영 글 | 소복이 그림

사계절

차례

머리말 _ 남을 돕는 것을 기뻐하는 사람들의 이야기 • 4
세상을 움직이는 세 번째 힘, 비정부기구 NGO • 6

1. 위기에 처한 야생 동물의 수호자 **세계자연보호기금** • 13

2. 소외받는 사람들 곁에 타오르는 촛불 **국제앰네스티** • 29

3. 어린이를 지켜 주세요 **세이브더칠드런** • 45

4. 나눔과 봉사의 기적 **옥스팜** • 59

5. 세상의 아픔을 치료하는 사람들 **국경없는의사회** • 75

6. 지구를 지키는 초록 깃발 **그린피스** • 89

7. 졸업장이 필요 없는 대학 **맨발대학** ● 107

8. 세계화에 맞서는 소농의 힘 **비아캄페시나** ● 123

9. 세상을 바꾸는 25달러 **키바** ● 137

희망을 만드는 사람 ● 150

머 리 말

남을 돕는 것을 기뻐하는
사람들의 이야기

　세상에는 참으로 많은 사람들이 저마다 다른 모습으로 나름의 삶을 살아가고 있습니다. 높은 산 위에 올라가 세상을 내려다보거나 사람이 살 것 같지 않은 오지에서도 살아가는 사람들을 만날 때면 어떻게 이렇게 많은 집들이 있고 어떻게 이렇게 많은 사람들이 저마다 살아가고 있을까 하고 새삼스레 놀라게 된답니다. 여러분은 어떻게 살아가고 있나요?

　어린 시절 저는 그리 착한 아이가 아니었어요. 너무 착한 친구를 보면 괜스레 화가 나기도 했어요. '저렇게 어리석고 물렁하니 맨날 상처받고 당하는 거지.' 속으로 그런 생각을 하기도 하면서요. 가뜩이나 몸집도 조그만 저는 착하게 굴면 남들이 얕잡아 볼 것 같아 새 학기가 시작되면 눈을 동그랗게 뜨고 턱을 치켜들고 다녔답니다. 난 만만한 사람이 아니야 하고 말하듯이 말이죠.

　그런데 어른이 되어 여러 경험을 하고 나서야 알게 되었습니다. 착한 마음만이 내 삶을 지키고 세상을 지킬 수 있다는 것을 말이에요.

　마음을 나쁘게 쓰면 제일 먼저 상처받는 것은 자기 자신입니다. 자기도 모르게 남의 말을 듣지 않고 자기만 아는 사람으로 변해 가게 되지요. 그렇게 되면 친구와 이웃에게서 도움을 받고 도움을 주며 사는 즐거움에서 멀어지게 되고 말아요.

세상을 내 힘으로 살아가는 것 같지만 그렇지가 않습니다. 먼저 부모님 없이는 내가 이만큼 자랄 수가 없었고, 친구들 없이 살아갈 수가 있을까요? 숲의 나무들 없이는 한순간도 숨을 쉴 수가 없고, 강물로 지하수로 바닷물로 구름으로 빗물로 내리는 물 없이는 하루도 살 수 없고, 논밭에서 들판에서 자라는 생명들이 없으면 농부들이 없으면 먹을 수가 없고, 이 지구가 없으면 땅에 발을 디디고 살아갈 수도 없겠지요. 세상은 이렇게 둥글둥글 서로 의지하며 살아가게 생겨 있습니다.

이 책에서 소개하려는 국제NGO들은 이렇게 둥근 지구에서 서로 의지하고 도우며 살아가려는 사람들이 희망을 믿고 만든 단체입니다. 이런 단체를 만들어 어려운 사람을 돕고, 위험에 처한 동물을 돕고, 환경을 지키며 정의롭게 살아가는 것이 기쁜 사람들의 이야기입니다. 여러분이 자라나면 지금은 상상하지 못할 다양한 일을 하는 사람들이 되겠지만 무엇을 하든 남을 돕는 것이 기쁜 사람의 마음이 희망임을 기억했으면 합니다. 그것이 이 책으로 여러분에게 전하려는 이야기입니다.

세계 곳곳에서 다양한 활동을 펼쳐 온 국제NGO를 소개하기 위해 조사하고 공부할 것도 만나야 할 사람도 많아 시간이 많이 걸렸습니다. 그 시간을 기다리며 응원하고 격려해 준 사계절 출판사 식구들에게는 늘 미안하고 고마운 마음뿐입니다. 글을 쓰는 동안 가까이서 웃음과 힘이 되어 준 선흘예술작목반 친구들에게도 고마움과 사랑을 전합니다. 그리고 무엇보다 제가 컴퓨터 앞에 앉아 있는 것을 제일 싫어하는 사랑하는 고양이 로로도 덩달아 고생했다고 말해 주고 싶어요. 로로야, 참아 줘서 고마워.

2013년 12월 이혜영

세상을 움직이는 크나큰 힘, 비정부기구 NGO

먼저 NGO의 뜻부터 알아볼까요? 신문이나 뉴스에 자주 등장하기는 하는데 NGO가 정확히 무엇을 말하는지 잘 모르는 친구들도 있을 거예요. NGO는 영어로 Non-Governmental Organization의 약자인데, 우리말로는 비정부기구라고 합니다. 그럼 정부 기관이 아니면 모두 NGO라는 뜻일까요? 조금 더 구체적으로 정의하면, NGO는 정부 기관이나 정부와 관계된 단체가 아닌 순수한 민간 조직으로, 공익을 목적으로 활동하며 기부와 자원봉사로 운영되는 비영리 기구입니다. 비슷한 말로 영리를 목적으로 하지 않는 비영리 기구를 이르는 NPO(Non-Profit Organization)라는 용어도 있는데, 모든 NGO가 NPO이기는 하지만 NPO 가운데는 정부와 관계된 조직도 있기 때문에 NPO는 NGO와는 조금 다르게 쓰이는 개념입니다.

    NGO는 정부의 힘이 닿지 않거나 정부가 등한시하는 사회 곳곳에서 정부와 협력하기도 하고 정부를 비판하기도 하면서 인권을 지키고, 가난한 사람들을 돕고, 환경을 보호하는 등 여러 분야에서 활동하고 있어요. 또한 평범한 시민들에서부터 의사나 과학자 같은 전문가들, 교육자들, 사회 운동가

들, 종교 단체 등 다양한 사람들이 다양한 형태의 NGO를 조직하고 구성하고 있습니다. 우리나라에도 참여연대, 환경운동연합, 녹색연합, YMCA, 경제정의실천시민연합, 녹색소비자연대, 참교육을위한전국학부모회, 한국민족예술인총연합 등 정치·인권·법률·환경·경제·소비자·교육·예술 같은 다양한 분야에서 크고 작은 NGO들이 활동하고 있습니다.

NGO 가운데 국제적 목표를 가지고 3개국 이상에 사무소를 두고 활동하는 NGO를 국제NGO라고 하는데, 이 책에서 우리가 알아볼 단체들이 이런 국제NGO랍니다. 국제NGO는 국가 간의 이해관계를 넘어서 활동하기 때문에 국가가 할 수 없는 일을 해내기도 합니다. 그동안 우리나라는 국제NGO의 지원을 받는 위치에 있었지만 최근 우리나라에서 설립된 국제NGO의 활동도 급격히 성장하고 있는 중이지요.

시민들이 만든 비영리 기구인 NGO는 그 겉모습만 보면 자본주의 사회에서 자본도 없이 기부금과 자원봉사에 의지해 운영해 가는 힘없는 단체에 불과하지만 입법·사법·행정·언론에 이어 '제5부(제5 권력)'라든가, 정부와 기업에 대응하는 '제3섹터'로 불릴 정도로 그 역할과 힘이 중요하고 강력해졌습니다.

이런 NGO의 힘은 어디서 나오는 것일까요? NGO는 어떻게 생겨나게 된 걸까요? NGO들은 어디에서 어떤 활동을 하고 있을까요? 그리고 어떻게 운영되고 있을까요? 이 모든 궁금증은 오래가지 않을 거예요. 왜냐하면 이제 곧 모두 풀릴 테니까요! 그럼 유럽에서 아프리카로, 아프리카에서 아시아로, 아메리카 대륙으로, 남극과 북극, 태평양과 인도양, 대서양을 누비는 NGO의 세계로 여행을 떠나 볼까요?

　이 여행의 시작은 155년 전으로 거슬러 올라갑니다. 1858년 이탈리아 통일전쟁의 비참함을 지켜보게 된 스위스의 청년 사업가 앙리 뒤낭이 전쟁터에서 부상자를 차별 없이 돕는 인도주의 운동을 주창합니다. 이에 공감한 세계 여러 단체가 동참하면서 시작된 것이 바로 '국제 적십자 운동'입니다. 이 적십자 운동이 최초의 국제NGO 형태라고 할 수 있습니다. 이후 1919년에 국제적십자사연맹이 공식 창립되면서 긴급 구호 사업, 보건 및 사회 사업, 청소년 사업 등 주로 평화와 관련된 활동을 펼쳐 왔습니다. 지금은 187개국이 가입해 있는 세계 최대의 국제NGO로 발전했지요.

　국제적십자사연맹이 창립된 1919년은 바로 제1차 세계 대전이 끝난 이듬해였습니다. 전쟁으로 폐허가 된 도시와 마을을 재건하고 다치고 굶주린 사람들을 돕는 일이 시급했지만 전쟁으로 피폐해진 정부가 그 일을 다 감당하지 못했지요. 바로 이런 시대적 상황 속에서 굶주림과 병마에 시달리는 어린이들을 돕는 '세이브더칠드런', 파괴된 마을의 재건을 돕는 '세계시민봉사단' 같은 민간단체들이 생겨난 것입니다. 하지만 이때까지는 이런 단체들이 NGO라는 이름으로 불리기 전이었습니다.

　NGO라는 용어가 처음 사용된 것은 1946년 국제연합(UN, United Nations)이 NGO위원회를 설립하면서부터입니다. 1946년은 제2차 세계 대전이 끝난 다음 해로, 제2차 세계 대전을 겪으며 빈민 구호 단체인 '옥스팜'을 비롯한 국제단체들이 생겨나고 그 활동을 더욱 넓혀 나가던 시기였습니다.

　UN은 이런 국제 민간단체들이 UN 활동에 참여할 수 있도록 지원하는 위원회를 만들면서 정부 조직과 구별하는 용어가 필요했던 거지요. 이후 UN이 국제NGO들이 국제기구에 자문할 수 있는 제도적 지위를 부여하면서 UN경제사회이사회(ECOSOC, Economic and Social Council)와 협의하며 공식적으로 UN의 사업에 참여할 수 있게 되었습니다. 현재 2000개 이상의 국제NGO가 UN경제사회이사회 ECOSOC의 협의 지위를 가지고 활동하고 있습니다.

　NGO는 회원들을 바탕으로 활동가와 자원봉사자들이 실무를 이끌어 가고 있는데, 이들은 모금을 하고, 캠페인이나 시위를 계획하고, 문화 행사를 기획하는 일에서부터 국제기구나 정부의 주요 결정 과정에 참여하거나 중요 결정권자를 만나 대화하고 설득하는 일까지 다양한 활동을 합니다. 묵묵히 홍보 피켓을 만들고 회원들의 명부를 정리하는 사람에서부터 사진작가, 예술가, 회계사, 협상 전문가 등 전문적인 역할을 하는 사람들까지 그 단체의 뜻을 지지하는 다양한 사람들이 무보수이거나 아주 적은 보수를 받고 기꺼이 그 일을 해내지요.
　국제 본부는 단체의 활동 방향과 원칙 등을 결정하고 각국의 지부들을 지원하며 다른 단체들과 연대를 통해 공동으로 문제를 풀어 가기도 합니다. NGO의 성격에 따라 국제 본부에서 결정된 사항들을 지부가 수행하는 방

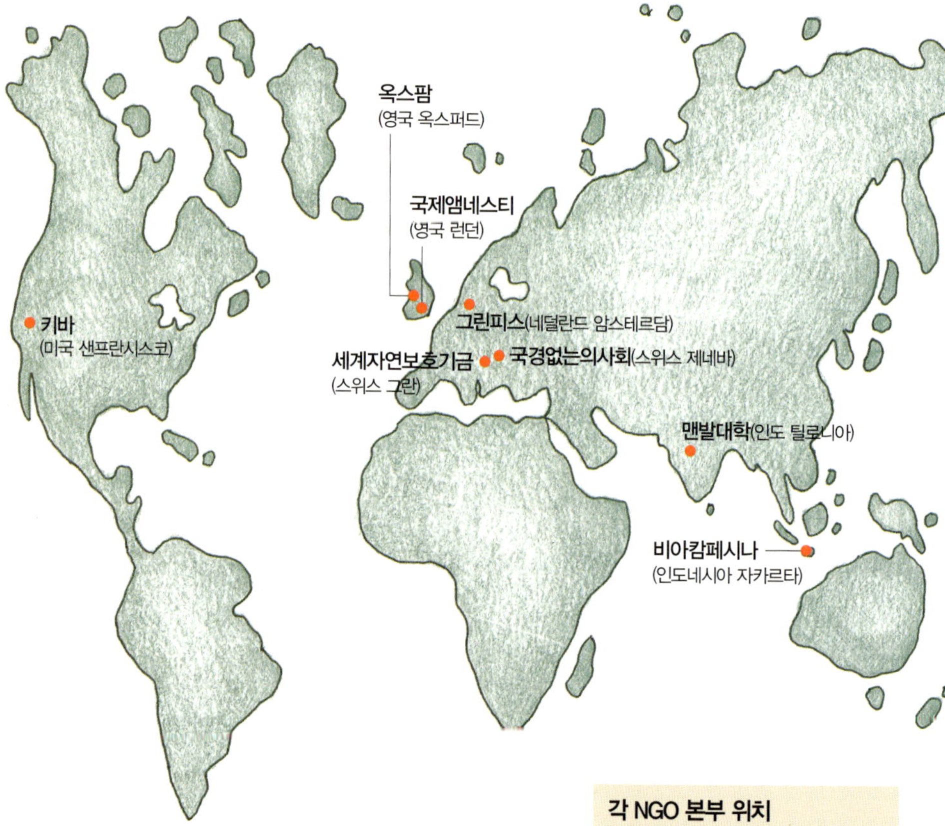

각 NGO 본부 위치
※ 세이브더칠드런은 국제 연맹체로 본부를 따로 두지 않습니다.

식으로 운영되는 곳도 있고, 지부가 자율성을 가지고 각 나라의 상황에 맞게 활동하는 경우도 있습니다.

이런 활동에 있어서 국제NGO뿐만 아니라 모든 NGO의 가장 중요한 운영 원칙은 정부는 물론 특정 종교나 이해 집단으로부터 독립을 유지하는 것입니다. 이런 독립성을 유지하기 위해서 NGO는 회원들과 지지자들의 후원금으로 재정을 운영합니다. 경제적으로 특정한 곳에 기대어 있으면 대

중의 편에서 공정하고 자유롭게 활동하기 어렵겠지요. 그리고 회원들로부터 받은 돈의 쓰임을 투명하게 밝히기 위해 웹 사이트나 소식지를 통해 달마다 재정 현황을 보고하고 있답니다.

그럼, 대표적인 국제NGO들이 어떻게 태어나게 되었는지, 어떤 활약을 펼치며 성장해 왔는지 그 이야기 속으로 여행을 떠나 볼까요? 마음에 드는 멋진 NGO가 있다면 그 활동에 참여해 볼 수 있도록 참여 방법도 안내할 거예요. 이 여행은 국제NGO를 따라 100여 년 전으로 거슬러 올라가 전 세계를 누비는 시간 여행이랍니다. 자, 떠날 준비됐나요?

위기에 처한 야생 동물의 수호자
세계자연보호기금

멸종 위기에 처한 야생 동식물을 보호하기 위해 설립된 국제 환경 단체입니다. 처음에는 '야생동물보호기금'이란 이름으로 시작했지만 야생 동물이 살아가는 환경의 보호로 활동 영역을 넓히면서 1986년부터 지금의 이름을 쓰게 되었습니다.

세계자연보호기금 WWF World Wide Fund for Nature

- **활동 분야** | 야생 동물 보호·복원, 서식지 보호, 지구 온난화 방지 등
- **설립 연도** | 1961년
- **본부** | 스위스 그란
- **현황** | 전 세계 90여 개국 500만 명의 회원, 70개 사무소 운영, 한 해 약 1만 5000개의 환경 사업 지원
- **웹 사이트** | www.panda.org

WWF가 설립된 1961년, 런던 동물원에서 첫선을 보였던 판다 '치치'에 영감을 받아 만들어졌습니다. 세계 많은 사람들에게 사랑받고 있지만 멸종 위기에 처한 판다가 동물과 꽃, 숲, 물, 자연을 보호하는 상징으로 채택된 것입니다. 환경 단체답게 흑백으로 인쇄해도 그 특징이 잘 드러나도록 디자인되었습니다.

이러다간 모두 사라져 버릴 거야!

인류는 오랫동안 동물들과 잘 지내 왔습니다. 사람들이 동물을 사냥하기도 했지만 살아가는 데 꼭 필요한 만큼만이라 해를 끼칠 정도는 아니었어요. 그런데 18~19세기에 걸쳐 산업 혁명이 일어나면서 상황이 달라지기 시작했습니다. 수많은 공장에서 흘러나온 폐수와 하늘을 뒤덮은 오염 물질에 사람은 물론 동물들도 병들기 시작한 것입니다. 인구 또한 폭발적으로 늘어나 더 많은 먹을거리가 필요해지고, 동물의 뿔이나 털로 만든 사치품을 더 많이 원하게 되었지요. 모든 대륙에 철도가 놓여 사람들은 오랫동안 인간이 가닿지 않았던 곳까지 가서 사냥을 하고 숲을 밀어 버리고 개발을 하기 시작했어요. 생태계의 견고한 사슬이 어긋나기 시작했지만 사람들은 처음엔 무슨 일이 일어나고 있는지 눈치채지 못했죠.

20세기에 들어서야 비로소 몇몇 사람들이 무언가 잘못되고 있다는 걸 깨달았지만 어떤 움직임으로 나아가지는 못하고 있었습니다.

1960년, 영국의 생물학자 줄리안 헉슬리는 젊은 시절 연구를 위해 머물렀던 그리운 아프리카를 다시 찾았습니다. 유네스코(UNESCO, United Nations Educational Scientific and Cultural Organization) 초대 사무총장이었던 그에게 유네스코 UNESCO에서 야생 동물 보호에 관한 조언을 부탁했기 때문이었어요. 그런데 헉슬리 경이 만난 아프리카는 옛날 그 아프리카가 아니었습니다. 상아를 노린 사냥꾼의 총에 쓰러진 코끼리들, 사람들이 숲을 밀어 개발하면서 살 곳을 잃어버린 고릴라 가족, 오염된 강물에 죽어 가는 물고기와 새들……. 헉슬리 경은 슬픔에 잠겼습니다. 하지만 곧 힘을 내어 런던에 돌아오자마자 이 끔찍한 광경을 세상에 알리기 시작했습니다.

"아프리카의 수백만 야생 동물이 멸종 위기에 처해 있습니다. 인구 증가와 산업 발전이 이들을 위기로 몰아넣었습니다. 지금 아무것도 하지 않는다면 20년 안에 모두 사라져 버릴 것입니다."

신문에 실린 헉슬리 경의 경고에 마음이 움직인 사업가 빅터 스톨

란은 헉슬리 경에게 야생 동물을 보호하기 위한 국제단체를 만드는 것이 시급하다고 제안합니다. 이에 뜻을 모은 사람들이 이듬해 1961년 9월, 스위스 제네바 호숫가 작은 마을에 사무실을 열게 됩니다. 이것이 50여 년 동안 수많은 야생 동물을 구출하고 보호해 온 세계 자연보호기금 WWF의 시작입니다.

야생 동물과 더불어 사는 세상을 위해

밀렵과의 전쟁

일찍부터 유럽의 사냥꾼과 밀렵꾼들은 아프리카 남부의 흰코뿔소 뿔을 큰돈을 받고 은밀히 팔아 왔습니다. 상아를 노린 밀렵꾼들에게 수많은 코끼리들도 희생되었지요. 1975년 세계자연보호기금 WWF를 비롯한 환경 단체와 국제기구들의 노력으로 '멸종 위기에 처한 야생

동식물 종의 국제 거래에 관한 협약 (CITES, 일명 워싱턴 협약)'이 발효되어 규제가 시작되었지만 밀렵은 쉽게 줄어들지 않았습니다. 오늘날 밀렵꾼은 치밀한 범죄 조직과 연결되어 있습니다. 이들은 한밤중에 헬리콥터를 이용해 이동하고 적외선 탐지기와 소음 방지 장치까지 갖춘 총으로 순찰망을 피해 조직적으로 밀렵에 나서고 있습니다. 밤이 되면 아프리카의 국립 공원은 전쟁터를 방불케 합니다. 밀렵꾼과 경비원 사이에 총격전이 벌어지기도 하지요.

체포된 한 밀렵꾼에게 왜 불법적인 일을 계속하느냐고 물었더니 "농사 짓는 것의 100배가 넘는 돈을 벌 수 있어요."라고 답했다 합니다. 그는 인근 마을에 사는 주민이었는데, 밀렵이 주민들에게 큰돈을 벌 수 있는 기회가 되고 있었던 거지요.

그래서 세계자연보호기금 WWF는 지속적인 밀렵 감시와 함께 조직적 밀렵에 맞서 감시용 소형 비행기 같은 장비 지원을 계속하는 한편, 주민들이 밀렵에 가담하지 않도록 지역 프로그램을 지원하고 있습니다. 또한 정부가 밀렵에 대한 법 집행을 강화하도록 촉구하고 야생 동물 관광 산업을 육성해 그 수익이 지역에 돌아가도록 노력하고 있습니다. 그들이 야생 동물과 함께 살 수 있도록 말이지요.

아시아의 호랑이를 지켜라!

세계자연보호기금 WWF는 1972년부터 동물 보호 캠페인을 시작했

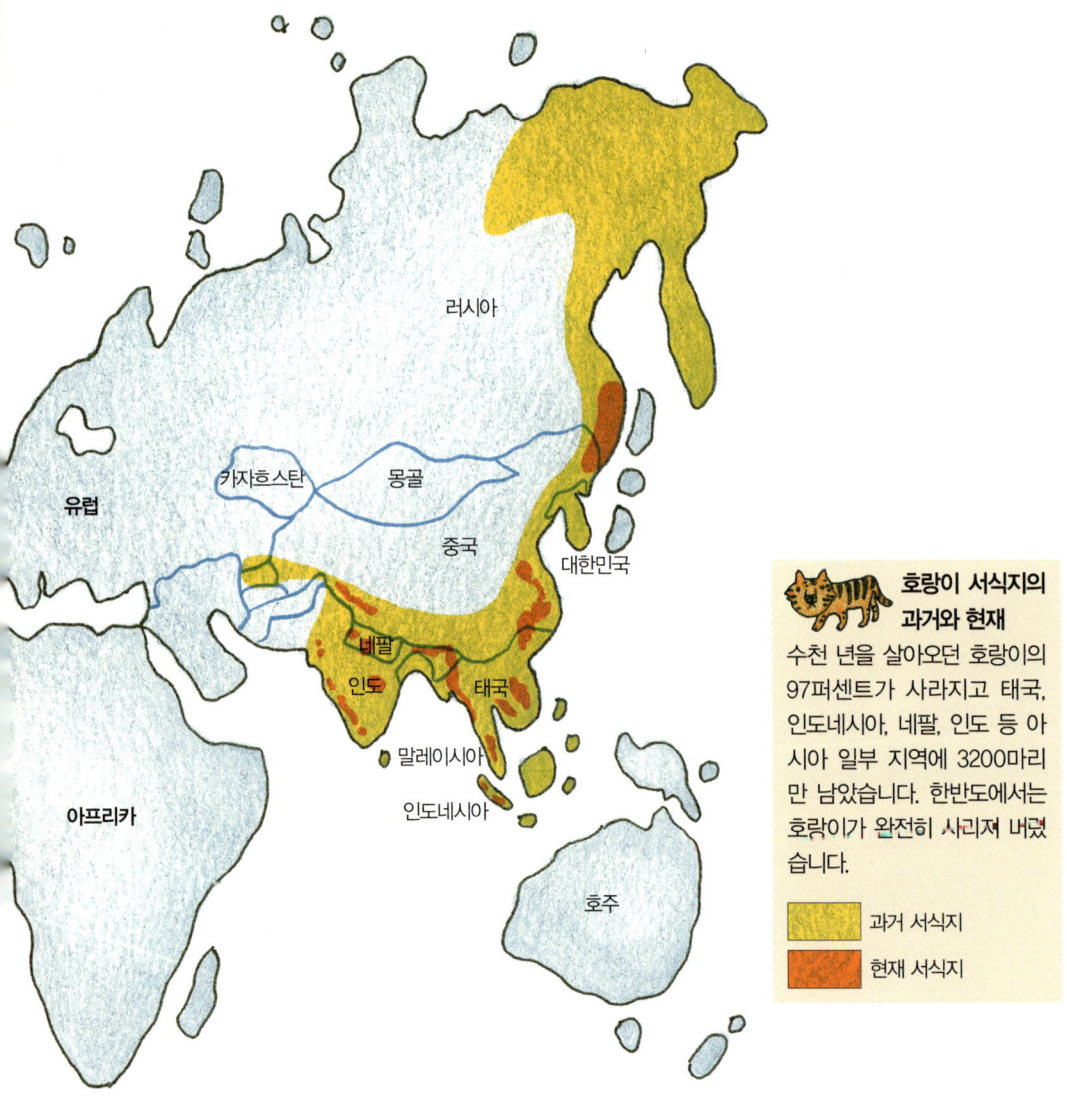

호랑이 서식지의 과거와 현재

수천 년을 살아오던 호랑이의 97퍼센트가 사라지고 태국, 인도네시아, 네팔, 인도 등 아시아 일부 지역에 3200마리만 남았습니다. 한반도에서는 호랑이가 완전히 사라져 버렸습니다.

■ 과거 서식지
■ 현재 서식지

는데, 그 첫 번째 동물이 바로 호랑이였습니다. 인도에서 최초의 호랑이 프로젝트를 시작한 것입니다. 세계자연보호기금 WWF가 인도 정부와 함께 6년 동안 이룬 성과는 놀라웠습니다. 사람의 힘으로는 멸종을 막을 수 없다 여겼던 호랑이가 단 6년의 노력으로 30퍼센트나 늘어난 것입니다. 그러자 네팔, 방글라데시, 말레이시아, 태국,

인도네시아, 부탄, 러시아, 중국도 호랑이 보호 사업에 동참하기 시작했지요.

급격하게 곤두박질치던 호랑이 수는 그간의 노력으로 조금씩 안정되기 시작했습니다. 그리고 세계자연보호기금 WWF가 호랑이의 해로 지정했던 2010년에는 '호랑이 정상 회담'이 열려 호랑이 복구 프로그램에 대한 협의가 이루어지는 성과를 내기도 했답니다.

호랑이 한 마리가 살아가기 위해서는 100제곱킬로미터(여의도의 11배 정도)의 숲이 필요하다고 합니다. 그 숲은 호랑이의 먹이가 될 동물들이 풍부하고 또 그들이 살아갈 수 있는 생태계가 살아 있는 숲이어야 하지요. 호랑이가 사라진다는 것은 자연의 균형이 무너지고 있다는 것입니다.

다행히 지난 40년 동안의 노력으로 호랑이가 줄어드는 속도가 수그러들고 있습니다. 세계자연보호기금 WWF는 여기에 머물지 않고 2022년까지 호랑이 수를 지금의 2배가 넘는 7000마리로 회복시키겠다는 목표를 가지고 열심히 활동하고 있답니다.

인류와 동물이 맞은 가장 큰 위기, 지구 온난화

산업 혁명 이래 인류가 엄청나게 배출한 탄소가 지구의 온도를 상승시켜 지구는 거대한 기후 변화를 맞고 있습니다. 기상 이변으로 사람들의 고통도 커져 가고 있지만 더 큰 희생자는 동물들입니다. 코스

타리카에서는 작은 온도 변화에도 민감한 황금두꺼비가 이미 사라져 버렸고, 바닷물의 온도가 변하면서 산호초도 죽어 가기 시작했습니다. 해양 생물의 25퍼센트가 알을 낳고 먹이를 구하고 집으로 삼는 바다의 보금자리인 산호초가 20퍼센트나 줄어들자 물고기도 위험에 처하게 되었습니다.

북극의 빙하도 녹기 시작했어요. 북극곰은 숨을 쉬러 빙하 위로 나온 물범을 사냥하며 살아가는데, 빙하가 녹아 버리니 물범도 북극곰도 설 곳을 잃고 굶어 죽어 가고 있어요. 계절이 교란되자 철새들은 이동 시기를 놓쳐 떼죽음을 당하기도 하고 바뀐 환경에 적응하지 못한 식물들은 죽어 갑니다.

함께해요!

세계자연보호기금과 함께 지구와 야생 동물을 지키는 법

야생 동물 지킴이 배너

어렵지 않아요. 세계자연보호기금 WWF 웹 사이트에 가서 'You Can Help(당신도 도울 수 있어요)' 버튼을 눌러 보세요. 다양한 동물 모습이 담긴 배너 중에 마음에 드는 걸 골라 내 블로그에 담거나 메일 아래에 링크를 걸기만 해도 친구들에게 야생 동물이 처한 문제를 알릴 수 있답니다. 너무도 사랑스러운 컴퓨터와 휴대 전화 바탕 화면도 준비되어 있으니 놓치지 마세요.

코뿔소를 지키는 게임이 있다고요?

아프리카 코뿔소가 친구를 잡아가는 밀렵꾼의 트럭을 쫓아 달려가고 있어요. 예쁜 새를 등에 태운 코뿔소가 밀렵꾼에게 잡히지 않고 덫을 피해 친구를 만날 수 있을까요? 스마트폰 앱 마켓에서 'RHINO RAID'를 검색해 구입할 수 있답니다. 이 수익금은 실제로 코뿔소를 지키는 데 쓰입니다.

세계자연보호기금 WWF는 1990년대부터 지구 온난화를 막기 위해 본격적으로 노력하기 시작했어요. 그리고 1997년에는 여러 나라가 모여서 탄소 배출을 줄일 것을 약속한 '기후 변화 협약'이 지켜질 수 있도록 구체적인 계획을 담은 '교토 의정서' 내용을 마련했습니다. 그리고 각국 정상이 이에 협조할 수 있도록 하는 데 중요한 역할을 담당했지요. 이처럼 세계자연보호기금 WWF는 세계 정부를 상대로 한 노력과 함께 석탄이나 석유 사용을 줄일 대안 에너지 개발과 에너지 효율을 높이는 사업을 지속적으로 지원하고 있답니다. 또한 동물들의 보금자리이자 이산화 탄소를 산소로 교환해 지구 온난화의 방패가 되는 숲을 보호하면서 에너지 소비를 줄이는 삶으로 전환하자는 캠페인

야생 동물을 지키는 녹색 생활을 실천해요.

일상생활에서 생활 습관을 바꾸는 것이 무엇보다 중요해요. 동물들이 살고 있는 숲의 나무를 베어 만드는 종이를 아껴 쓰고, 지구 온난화를 부추기는 에너지 과소비를 하지 않고, 고기보다는 채소를 즐겨 먹어요. 물을 아끼고, 일회용품을 쓰지 않고, 물건을 재활용하는 생활의 작은 변화가 야생 동물을 구하는 커다란 변화를 만든답니다.

자원봉사 프로그램도 있어요.

멀리서 응원하고 지켜보기에는 열정이 넘쳐흐르는 사람들을 위해 자원봉사의 기회도 열려 있답니다. 부탄, 인도, 메콩 강, 마다가스카르, 아프리카, 볼리비아에서 호랑이, 코뿔소, 코끼리, 바다거북, 아마존을 지키는 활동에 직접 참여할 수 있어요. 세계자연보호기금 WWF는 배려심이 많고 새로운 환경에 잘 적응하며 자원을 절약하는 생활 습관을 가진 사람을 환영한다고 하네요. 어때요, 도전해 볼 거예요? 물론 몇 년 뒤에 해야겠지만요.

도 펼치고 있어요. 이것이 인류와 동물 모두를, 이 지구를 구하는 중요한 선택이라는 것을 세상에 전하고 있는 것이지요.

지구의 허파, 살아 있는 아마존

브라질, 볼리비아, 페루, 콜롬비아, 에콰도르, 가이아나, 수리남, 베네수엘라, 프랑스령 기아나 이렇게 남아메리카 9개국에 걸쳐 있는 한반도의 25배가 넘는 거대한 숲 아마존. 그 사이를 구불구불 뻗어 나가는 아마존 강은 한강이 1년 내내 바다로 흘려보내는 물을 단 하루 만에 대서양으로 쏟아 놓습니다. 지구 전체 담수(강이나 호수 등 소금기가 없는 물)의 20퍼센트, 지구 전체 산소의 25퍼센트를 뿜어내는 아마존은 지구의 허파로 불리지요.

 그 숲과 강에는 300여 원주민 부족과 4만 종의 식물, 427종의 포유류, 1300종의 새, 3000종의 물고기, 370종의 파충류, 400종의 양서류가 깃들어 살고 있습니다. 이들 중에는 재규어, 하피독수리, 아

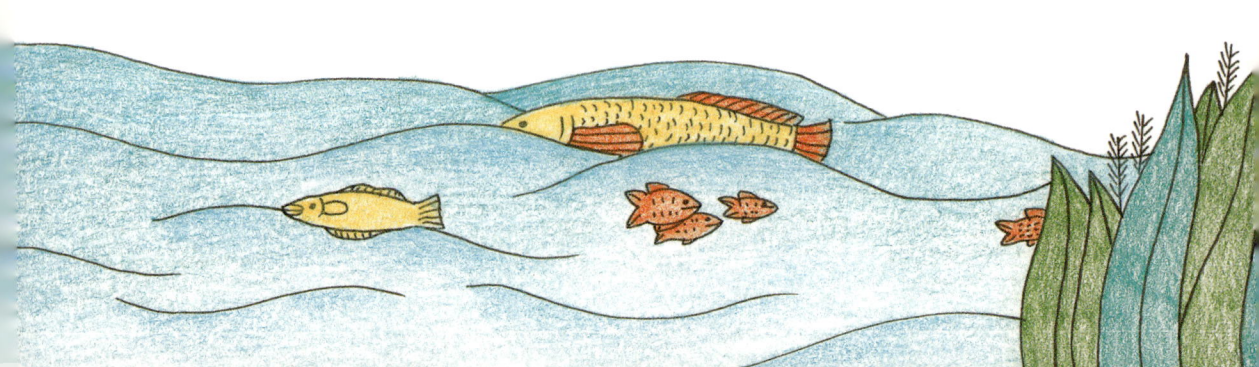

   마존강돌고래, 피그미마모셋, 남부두발가락나무늘보, 황제타마린같이 아마존에서만 볼 수 있는 특별한 동물들도 있습니다. 아마존은 생물의 다양성이 무엇인지 말없이 보여 주고 있지요.

   세계자연보호기금 WWF는 설립 초기부터 아마존을 조사하고 보호하는 일에 노력을 기울여 왔습니다. 아마존이 지구 생태계에서 차지하는 절대적인 역할에도 불구하고 밀림이 엄청난 속도로 파괴되고 있기 때문이지요. 대규모 벌목과 기계식 농장 개발, 광산 산업, 원주민의 화전 농업, 가속화되는 도로 건설, 이 모든 일들이 앞다투어 나무를 쓰러뜨려 밀림에 붉은 구멍이 뚫리고 있었습니다.

   세계자연보호기금 WWF는 수십 년의 노력 끝에 2002년 마침내 아마존과 연결된 9개 국가와 '아마존 보호 구역'을 설정하고 29억 달러(약 3조 1000억 원)의 기금을 만들어 대규모 보호 사업을 시작했습니다. 그리고 2012년 8월, 브라질 정부는 아마존이 여전히 파괴되고 있지만 지난 1년간 파괴된 면적은 24년 만에 가장 적었다고 발표했

습니다. 비록 숲이 살아나고 있다는 발표는 아니었지만 파괴가 줄어들고 있음은 가능성을 보여 주는 것이지요. 아마존이 다시 살아나고 있다는 뉴스를 들을 때까지, 그 옛날의 모습을 다시 찾을 때까지 세계자연보호기금 WWF의 행진은 계속될 것입니다.

한국의 동물 보호 운동

야생 동물 보호 운동, 이제부터 시작이야!

곰이 사람으로 변한 웅녀로부터 우리 민족이 시작됐다는 건국 신화가 있지요? 곰의 자손이라고 할 수 있는 우리인데, 산업 발전이 시작된 이후로 야생 동물을 사냥하고 서식지를 파괴하는 개발을 멈추지 않고 있습니다. 끝내 숲을 호령하던 호랑이와 바다의 수호신인 귀신고래를 비롯하여 몇몇 야생 동물들은 우리 곁에서 사라지고 말았지요.

1969년 '조류보호협회'로 시작한 '한국야생동물보호협회'는 한국 최초의 야생 동물 보호 단체로, 주로 밀렵 감시와 야생 동물 구조 활동을 펼쳐 왔습니다. 본격적인 야생 동물 보호와 복원 활동이 시작되는 데는 환경 단체 '녹색연합'의 역할이 컸습니다. 1990년대부터 5~6마리만 남아 멸종 직전이었던 지리산 반달가슴곰의 현실을 알리고, 설악산 일대 바위 비탈에서 힘겹게 살아가는 산양의 실태를 조사하고, 수달, 표범장지뱀, 비무장 지대 사향노루, 백령도 점박이물범 등 멸종 위기 동물들을 지키는 데 앞장서 왔지요. 이후 동물에게도 생명

WWF 북극 프로그램 활동가 제프 요크

북극곰 몸무게 재기는 너무 어려워.

여러분이 만약 여기 북극에 와 본다면 제일 먼저 이 완벽한 고요에 놀라게 될 거예요. 내가 그랬으니까요. 들리는 건 오직 뽀드득, 뽀드득, 내 발 아래로 눈이 부서지는 소리뿐이었죠. 가끔 북극 바닷새들의 날갯짓 소리가 들려오기는 했지만요.

나는 이 평화로운 북극에서 북극곰을 찾아 인식표 붙이는 일을 하고 있어요. 이 일은 북극곰들이 겨울잠에서 깨어나는 봄과 겨울잠을 자러 가는 가을에 하는데요. 최근에는 빙하가 어는 시기가 점점 늦어져 가을에는 우리 일도 늦어지고, 또 봄에는 빙하가 일찍 녹아 일을 더 빨리 시작해야 해요. 지구 온난화의 영향이 북극곰의 생활을 점점 바꾸고 있는 거죠.

우리는 헬리콥터로 낮게 날아 북극곰에게 마취 총을 쏜 뒤 몸무게를 재고 혈액 샘플을 뽑고 귀에다 인식표를 단답니다. 그런데 그 큰 곰의 몸무게를 재는 일이 생각처럼 쉽지가 않아요. 끙끙대며 곰을 그물에 눕히고 큰 삼각대로 들어 올려야 하거든요. 그렇다고 꾸물거려서는 안 돼요. 한 시간이면 마취에서 깨어나 버리니까요.

한번은 배 위에서 저 멀리 빙하에 앉아 있는 북극곰 가족을 보게 되었어요. 그때 문득 '저들의 미래는 어떻게 될까……' 하는 생각이 들었지요. 산업이 발전하면서 북극은 급격한 기후 변화 앞에 서 있으니까요. 저들이 과연 자연과 더불어 사람과 공존하며 건강하게 살아갈 수 있을까요?

세계자연보호기금 WWF는 북극 전역에서 북극곰 보호 활동을 해 왔어요. 앞으로 일어날 일은 알지 못하지만 나는 지금 하지 않으면 안 되는 일을 내가 할 수 있다는 것에 감사하고 있답니다. 그리고 오늘도 북극곰을 찾아 하얀 눈 위를 걷습니다. 사람과……, 그리고 북극곰의 지속 가능한 미래를 위해.

*출처: WWF 선물 카탈로그 2012~2013 겨울 호

의 존엄성이 있다는 동물권 운동을 펼치는 '동물자유연대', '카라' 같은 단체가 생겨나게 되었답니다.

  이런 바탕 위에서 사람과 야생 동물이 함께 어울려 살아야 한다는 인식이 조금씩 커지면서 2005년에 비로소 '야생 동물 보호법'이 시행됩니다. 하지만 여전히 법이 제대로 집행되지 못하는 부분이 많아 한반도의 야생 동물들은 위험 속에서 살아가고 있습니다.

  그런데 최근에 반가운 소식도 들립니다. 바로 서울 대공원 우리에 갇혀 지내던 남방큰돌고래 제돌이를 다시 제주 바다로 돌려보낸 이야기지요. 제돌이는 불법으로 잡혀 동물원에 갇힌 지 4년 만에 시민 단체들의 노력과 서울시의 결단으로 다시 자유를 찾게 되었어요.

  마하트마 간디는 "한 나라의 위대함과 도덕성은 그 나라의 동물을 대하는 태도로 판단할 수 있다."라고 했습니다. 우리나라는 어떤 나라일까요? 앞으로 어떤 나라로 만들어 갈지는 미래의 주인인 여러분에게 달려 있답니다.

소외받는 사람들 곁에 타오르는 촛불
국제앰네스티

모든 사람이 차별받지 않고 인간다운 권리를 누릴 수 있는 세상을 만들기 위해 행동하는 국제 인권 단체입니다. 국적·인종·신앙 등의 차이에 상관없이 정치적 입장과 경제적 이익을 넘어서서 소외되거나 위험에 처한 사람들을 위해 활동합니다.

국제앰네스티 Amnesty International

활동 분야 | 사형 제도 폐지, 무기 거래 반대, 표현의 자유, 원주민과 난민 및 이민자의 인권 보호, 인권 교육 등
설립 연도 | 1961년
본부 | 영국 런던
현황 | 전 세계 80여 개국의 사무소와 150여 지역에서 300만 명의 회원과 지지자들이 활동
웹 사이트 | www.amnesty.org
국제앰네스티 한국 지부 | www.amnesty.or.kr
1972년 설립, 한국의 양심수 석방, 고문·사형제 폐지, 국가 보안법 폐지, 이주 노동자 인권 보호, 일본군 성 노예제 생존자를 위한 대책 마련 등의 활동

촛불은 칠흑 같은 인권의 어둠을 밝히는 상징이며, 노란색은 긴급한 상황을 의미하면서 동시에 밝은 희망을 담고 있습니다.
"이 촛불은 우리를 위해 불타는 것이 아니라, 감옥으로부터 우리가 구출하지 못한 이들을 위해 불타는 것입니다. 이들은 감옥에서 죽거나 고문당하고 납치되고 실종된 사람입니다. 촛불은 바로 이들을 위한 것입니다."
_국제앰네스티 설립자 피터 베넨슨

자유를 위하여! 희망을 위하여!

1960년 어느 날, 영국의 변호사 피터 베넨슨은 지하철에서 신문을 읽다가 큰 충격을 받았습니다. 포르투갈의 수도 리스본에서 일어난 이해할 수 없는 사건 때문이었지요. 대학생 두 명이 술집에서 "자유를 위해!" 하고 건배했다는 이유로 경찰에 잡혀갔으며, 그들에게 무려 7년 형이라는 무거운 벌이 내려졌다는 것입니다.

피터 베넨슨은 이런 말도 안 되는 이유로 사람을 잡아 가둔다는 사실에 분노했습니다. 사상과 양심의 자유, 표현의 자유를 보장한 'UN 헌장'과 'UN 세계 인권 선언'이 엄연히 존재하고 있지만 이것이 지켜지지 않고 있던 겁니다.

이듬해인 1961년, 베넨슨과 뜻을 같이한 변호사, 작가, 출판계 인사 들이 애쓴 덕분에 국제앰네스티의 전신인 '사면을위한탄원 1961(Appeal for Amnesty 1961)'이 탄생합니다. 사면(Amnesty:죄를 용서해 형벌을 면해 준다는 뜻)이라는 이름 그대로 초기 활동은 양심과 정의를 지키기 위해 저항하다 감옥에 갇힌 양심수 석방에 모아졌습니다. 그리고 베넨슨은 그해 5월 '잊혀진 수인(옥에 갇힌 사람)들(The Forgotten Prisoners)'이라는 글을 발표합니다. 베넨슨은 이 글에서 "한 사회를 이해하고 싶다면 누가 감옥에 있는지 보라."라는 미국 철학자이자 교육학자인 존 듀이의 말을 인용하며 이렇게 호소합니다.

"어느 때라도 신문을 펼쳐 보라. 그러면 세계 어딘가에서 누군가 자신의 신념이나 종교가 그 나라 정부와 다르다는 이유로 갇히고 고문

김대중(대한민국)
1976년부터 2년간 수감,
1980년부터 2년간 수감,
1980년 사형 선고

당하고 처형당하고 있다는 사실을 알 수 있을 것이다. 그리고 그런 일이 버젓이 일어나고 있다는 사실에 답답함과 슬픔을 느낄 것이다. 하지만 그것으로는 아무것도 바뀌지 않는다. 그렇지만 이런 마음을 우리가 하나의 행동으로 모은다면 어떤 변화를 만들 수 있지 않겠는가."

　베넨슨의 글은 전 세계 많은 사람들의 가슴에 분노와 희망의 불을 동시에 타오르게 했습니다. 그리고 정말로 변화가 만들어졌지요. 이후 50여 년간 국제앰네스티는 고문 추방, 사형제 폐지, 난민 인권 보호, 여성 권리 보장 등 다양한 분야로 영역을 넓히며 활동해 왔습니다. 그리고 1977년 세계 평화와 인권 보호에 기여한 공로로 노벨 평화상을, 1978년 UN 인권상을 수상했으며, UN과 유럽의회, 미주인권위원회의 자문 기구로 국제적인 신뢰를 받고 있습니다.

아웅 산 수 치(미얀마)
1989년부터 14년간 가택 연금

국제앰네스티 50년의 발걸음

양심수를 석방하라!

양심수는 폭력을 사용하지 않았는데도 정치적·종

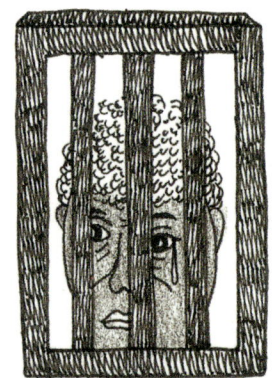

넬슨 만델라(남아프리카 공화국)
1964년부터 27년간 수감

교적 신념이나 민족·언어·피부·국가·사회 등의 차이 때문에 감옥에 갇히거나 여러 형태의 구속을 받고 있는 사람을 말합니다. 지금도 독재 정권이 들어선 나라에서는 정부와 다른 의견을 표현한다는 이유로 정치인, 사회 활동가, 작가, 예술가 들을 감금하고 탄압하는 일이 벌어지고 있지요.

2000년 노벨 평화상 수상,
대한민국 제15대 대통령,
대한민국 민주화 운동 지도자

이런 양심수들을 세상에 알리고 석방 운동을 시작한 것이 국제앰네스티였습니다. 국제앰네스티가 결성된 이듬해인 1962년, 국제앰네스티 활동가들은 세계의 양심수들이 어떤 상황에 놓여 있는지 조사해 보고서를 발간하는 한편, 각 국가의 정부에 양심수 석방을 요청하는 탄원 편지를 보내기 시작했습니다. 많은 사람들이 처음에는 이런 활동을 비웃었지요. 고작 편지 몇 통으로 무엇을 바꿀 수 있겠느냐는 조롱이었습니다. 하지만 이 편지는 국제앰네스티가 예상한 것보다도 더욱 강력한 힘을 발휘합니다. 출범 2년 만인 1963년 한 해 동안 양심수 140명이 이 편지를 받고 석방된 것입니다.

1991년 노벨 평화상 수상,
미얀마 민주화 운동 지도자

이런 국제앰네스티의 활동은 사람들에게 깊은 감동을 주었고, 평범한 사람들도 편지 쓰기에 동참하기

1993년 노벨 평화상 수상,
1994년 남아프리카 공화국
최초 유색인 대통령

시작했습니다. 양심수를 석방하라는 항의 편지는 독재 정권에게 커다란 압력이 되었고, 차갑고 어두운 감옥으로 날아든 격려의 편지는 양심수들에게 커다란 위로가 되었습니다.

　국제앰네스티의 탄원 운동은 10년 만에 전 세계 양심수 20,000명을 석방시키는 놀라운 변화를 가져왔습니다. 탄원 운동은 지금까지 멈추지 않고 있으며, 국제앰네스티의 활동에 힘입어 감옥에서 풀려나 이후 노벨 평화상까지 받은 이들만도 12명에 이르렀습니다. 대표적인 인물로 미얀마의 민주화를 이끈 아웅 산 수 치, 남아프리카 공화국 최초의 유색인 대통령 고(故) 넬슨 만델라, 케냐의 여성 환경 운동가 왕가리 마타이, 터키의 진보적인 소설가 오르한 파무크, 그리고 우리나라 민주화 운동의 지도자였던 고(故) 김대중 대통령 등이 있습니다. 그렇게 국제앰네스티의 양심수 탄원 운동은 평범한 사람들과 함께하는 NGO의 힘을 보여 주는 역사가 되었습니다.

사형 제도는 결코 해결책이 아닙니다

사형은 극악한 죄를 지은 사람의 생명을 빼앗는 가장 무거운 형벌입니다. 하지만 한편으로 사형은 국가의 이름으로 사람을 죽이는 일이기도 합니다. 죄의 크기를 따지기에 앞서, 어떤 죄를 지었다고 해도 국가가 그 생명을 빼앗는 것이 과연 정당한 일인가에 관한 논쟁은 계속되어 왔지요. 특히 정치적 자유가 보장되지 않은 국가에서 양심수들을 처단하는 수단으로 사형 제도를 악용하는 일도 있어서 더욱 문제가 되고 있습니다.

국제앰네스티는 죄에 대해 복수하는 방식으로 사형을 내리는 것이 아니라 죄를 뉘우칠 기회를 주는 것이 인도적이며, 만에 하나라도 누명을 쓴 무고한 사람이 사형되는 비극이 있어서는 안 되며, 정치적인 목적으로 사형이 이용될 수 있으므로 사형 제도를 폐지해야 한다고 세상에 호소해 왔습니다.

1977년 국제앰네스티는 사형 제도 폐지를 촉구하는 '스톡홀름 선언'을 발표하면서 본격적인 캠페인을 시작했는데, 당시 사형 제도를 폐지했던 국가는 단 16개국에 불과했지만 2012년 8월 현재 세계 3분의 2가 넘는 141개국이 법률상·사실상 사형을 폐지했습니다. 해마다 평균 2개국 이상이 사형 폐지국의 대열에 합류할 정도로 국제앰네스티의 활동은 커다란 변화를 이끌어 왔습니다.

"살인 사건이 일어나면 피해자 유가족은 범죄와 죽음, 이 두 가지를 마주하게 됩니다. 유가족이 슬픔과 상실감을 이겨 내고 삶을 다시 시작하려면 도움이 필요합니다. 하지만 우리의 경험으로 복수는 그 해답이 되지 못합니다. 폭력을 줄이는 것이 해답이지, 또 다른 죽음은 해답이 아닙니다. 사랑하는 사람을 잃고 슬퍼하는 이들을 돕는 것이 해답이지, 가해자를 죽여서 또 다른 슬픈 가족을 만들어 내는 것은 해답이 아닙니다. 이제는 폭력의 악순환을 깨뜨려야 할 때입니다."

_1972년 살인 사건으로 시어머니를 잃은 마리 딘스

국제앰네스티는 우리가 정말로 관심을 둬야 하는 것은 피해자 가족에게 진정으로 도움이 되는 경제적·정서적인 지원이라고 말합니다. 진정한 해답은 범죄 예방을 위한 방법을 찾는 것이지, 또 다른 살인 피해자 가족을 만들어 내서는 안 된다는 것입니다.

죽음을 사고파는 무기 거래

어릴 때 장난감 총을 들고 총싸움을 하거나, 탱크가 불을 뿜고 총을

---

*우리나라는 1997년 12월 30일 이후로 단 한 번도 사형을 집행하지 않아 2007년부터 '사실상 사형 폐지국'으로 분류되고 있습니다. 하지만 아직 법률상으로는 사형 제도가 존재하여 사형이 선고되고 있으며, 수십 명이 넘는 사형수들이 죽음을 기다리고 있습니다. 매번 국회에 '사형 폐지 특별 법안'이 발의되었지만, 표결에 이르지 못하고 법안이 폐기되었기 때문이지요. 하지만 사형 제도의 반인권적인 면을 다룬 소설과 영화가 인기를 얻으면서 이 문제에 대한 대중적 관심이 높아지고 있습니다.

쏘아 대는 만화나 영화를 본 적이 있나요? 그리고 그런 무기들을 사용해서 적을 죽이고 의기양양하게 승리의 기쁨을 누리는 게임 속 주인공을 보고 통쾌함을 느낀 적도 있겠지요. 이처럼 무기는 우리 생활에 너무나 아무렇지 않게 들어와 있습니다. 그래서 우리는 무기를 '사람을 죽이는 것'이라고 인식하기보다는 '장난감' 혹은 '도구' 정도로 원래의 의미보다 가볍게 여깁니다.

지구상에는 6억 4000만 개(전 세계 인구의 10분의 1)가 넘는 무기가 있고, 매년 800만 자루 이상의 소형 무기와 경량 무기들이 생산되며, 160억 개가 넘는 탄약이 만들어진다고 합니다. 특히 이런 무기들은 관리 체계가 허술하고 정치적으로 불안한 국

함께해요!

인권, 내가 지켜 줄게요!

국제앰네스티 회원 되기

나이, 성별, 국적 불문! 누구라도 국제앰네스티 회원이 될 수 있지요. 영어를 모르는데 어떻게 가입하냐고요? 걱정 마세요. 국제앰네스티 한국 지부가 본부와 발맞추어 다양한 활동을 펼치고 있답니다. 국제앰네스티와 함께 어린이 인권 운동가가 되어 보세요.

탄원 편지를 써요!

수많은 양심수를 석방시키는 힘이 되었던 탄원 편지를 여러분도 직접 보낼 수 있습니다. 국제앰네스티 한국 지부 웹 사이트에 소개된 캠페인 안내에 따라 써도 되고, 자기 주변의 인권 침해 상황을 정부나 그 당사자에게 써도 된답니다. 특별히 해마다 12월 10일 세계 인권의 날을 기념해 세계적으로 펼쳐지는 '편지 쓰기 마라톤'에 참여해 탄원 편지를 쓰는 것도 의미 있는 일이겠지요? 기억하세요, 편지의 힘을!

캠페인에 참여해 볼까요?

관심 있는 인권 주제에 대해 국제앰네스티가 여는 캠페인이나 행사에 참여하는 것도 재미있는 일이지요. 국제앰네스티 한국 지부 웹 사이트에서 인권 이슈에 대한 소개 자료와 참여 방법을 담은 액션 패키지를 신청할 수도 있답니다. 더 나아가 학교나 거리에서 내가 직접 인권 문제를 친구들에게 알리고 서명을 받거나 특별한 행사를 기획하는 건 어떨까요?

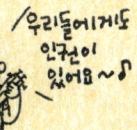

우리들에게도 인권이 있어요~♪

가들로 흘러들어가 무력 분쟁과 범죄, 가정 폭력 등에 이용됩니다. 무기는 폭력·범죄·전쟁·가난·난민을 낳는, 생명과 인권을 위협하는 무서운 것입니다. 지금도 날마다 총기로 죽는 사람이 1000명에 이른다고 합니다.

국제앰네스티는 수많은 분쟁 지역을 조사하며 전쟁과 분쟁이 지속되는 이유가 바로 '무기' 때문이라는 것을 확인했습니다. 그런데 놀랍게도 무기를 사고파는 일은 별 규제 없이 이루어지고 있습니다. 무분별한 무기 거래를 중단시키고 더 이상 인권 침해가 발생하지 않게 하기 위해 국제앰네스티는 강력한 '무기 거래 조약' 제정을 촉구

하고 있습니다.

옥스팜(Oxfam, Oxford Committee for Famine Relief), 국제소형무기행동네트워크(IANSA, International Action Network on Small Arms)와 함께 2003년부터 시작한 캠페인에 100만 명이 넘는 사람들이 참여했고, 이들의 서명이 UN에 전달되었습니다. 이것은 2006년 UN 총회에서 '무기 거래 조약'에 관한 논의를 시작하게 하는 성과로 이어졌지요. 하지만 계속되는 미국의 반대로 조약 제정 논의가 번번이 좌절되고 있습니다. 그래도 '죽음을 사고파는' 무기 거래를 통제해야 한다는 국제앰네스티의 확고한 의지와 이를 지지하는 세계인들의 노력은 오늘도 계속되고 있습니다.

한국의 인권 운동

어린이부터 장애인, 이주 노동자까지

우리나라에서는 조선 후기 실학과 기독교의 영향으로 인권 의식이 싹트기 시작했습니다. 양반, 천민, 노비, 백정 같은 신분에 따른 차별이 당연한 줄로만 알았던 사람들이 실학과 기독교를 통해 신분과 계급 이전에 인간은 모두 존엄하다는 것을 어렴풋이 알게 된 것이지요. 그러나 그것이 시민운동으로 모습을 드러낸 것은 훨씬 뒤에 이르러서입니다.

일제 강점기와 군부 독재 정권과 같이 사회적 억압이 심했던 시기에는 노동자 운동, 농민 운동, 여성 운동, 양심수 석방 운동 등으로 인권 운동이 나타났지만, 사회가 민주화되면서 인권 운동은 사회 여러 방면으로 퍼져 다양하게 나타나고 있습니다.

어린이, 청소년, 장애인 인권을 위한 단체가 생기고 가난하다는 이유로 빼앗긴 인권, 거대 기업의 개인 인권 침해, 개발에 따른 인권 침해 등과 관련해 더욱 세분화된 인권 운동이 펼쳐지고 있답니다. 최근에는 이주 노동자, 결혼 이주자, 탈북 이주자 들이 늘어나면서 이들의 인권 문제에 대한 관심도 커지고 있습니다.

이렇게 인권 운동이 성장하기까지는 NGO의 노력이 컸는데, 본격적인 인권 운동의 문을 연 것은 1993년에 출범한 '인권운동사랑방'이었습니다. '인권운동사랑방'은 진보적 활동을 탄압하는 도구인 국가 보안법을 폐지하라는 운동을 벌이고, 교도소 인권 실태, 가난한 사람들의 주거권 등에 대해 보고서를 발간하며 캠페인을 펼쳐 왔습니다. 특히 1996년부터 개최해 온 '인권 영화제'는 사람들에게 인권에 대한

인식을 크게 높이는 역할을 했지요.

더불어 '인권연대'는 국가 기관의 인권 침해를 감시하고, 어린이와 청소년을 위한 인권 교육에 힘을 쏟았습니다. 그리고 부자나 권력자에게 특권을 주지 않고 가난한 사람을 차별하지 않는 공정한 재판이 이루어지도록 사법 개혁을 위한 활동을 해 왔습니다. 한편 '한국이주노동자인권센터'는 한국에서 살아가고 있는 이주민들이 차별 없이 일하고 인간다운 삶을 누릴 수 있도록 지원하고 있습니다. 이러한 단체들이 지금도 인권의 길을 힘껏 열어 가고 있답니다.

어린이를 지켜 주세요
세이브더칠드런

제1차 세계 대전이 끝난 뒤 유럽의 굶주리는 어린이들을 돕기 위해 설립된 세이브더칠드런은 이후 전 세계 어린이를 위한 국제NGO로 발전했습니다. 지난 90여 년 동안 전쟁, 폭력, 가난, 자연재해로 고통받는 어린이들을 도우며 어린이의 권리에 대한 인식을 높이는 데 중요한 역할을 해 왔습니다.

세이브더칠드런 Save the Children
- **활동 분야** | 어린이 보건 의료·교육·보호 및 빈곤 가정과 다문화 가정 지원, 인도적 지원 등
- **설립 연도** | 1919년
- **본부** | 국제 연맹체로 본부가 따로 없음
- **현황** | 30개 회원 단체가 120개국에서 활동
- **웹 사이트** | www.savethechildren.net
- **세이브더칠드런 코리아** | www.sc.or.kr
한국 전쟁 직후인 1953년 설립, 한국 어린이 인권 보호, 교육 및 발달 지원, 해외 어린이 지원, 북한 어린이 지원 등의 활동

 **Save the Children**

두 팔을 활짝 편 어린이와 이를 감싼 동그라미는 '어린이를 지키자!'라는 단체의 이름처럼 가족과 사회의 안전한 보살핌 속에서 건강하고 자유롭게 자라나는 어린이의 모습을 표현하고 있습니다. 붉은색은 긴급한 위험을 표시하기도 하고 건강한 생명을 상징하기도 합니다.

죽기 위해 태어나지 않았습니다.

누구도 자신이 태어날 나라를
직접 선택할 수 없습니다.
그것이 서로가 서로를
도와야 하는 이유입니다.

적국의 아이들을 돕는 배신자

1914년 제1차 세계 대전 직후 유럽에는 전쟁을 일으킨 독일과 오스트리아에 대한 증오심이 가득했습니다. 교사 생활을 그만두고 구호 단체와 함께 도시 문제를 조사해 오던 영국인 에글렌타인 젭은 전쟁을 겪은 독일과 오스트리아 국민들의 생활에 관심을 갖게 됩니다. 특히 어린이들의 상황은 더 심각했지요. 베를린과 빈에는 영양실조로 뼈가 휘고 몸이 내려앉는 구루병과 결핵에 걸린 아이들이 넘쳐 났지만 병원에는 붕대 말고는 아무것도 없었습니다.

에글렌타인은 동생 도로시와 함께 독일과 오스트리아 어린이를 위한 기금을 마련하고자 단체를 설립하기로 합니다. 세이브더칠드런의 시작이지요. 그런데 활동을 시작하자마자 커다란 어려움에 처하게 됩니다. '적국의 아이들을 돕는 배신자'라는 비난이 쏟아졌고, 사무실 앞에는 썩은 사과를 던지며 항의하는 사람들이 몰려들었습니다. 설상가상으로 독일과 오스트리아 아이들이 처한 상황을 알리고 모금을 호소하는 전단지를 뿌렸다는 이유로 고소까지 당하지요.

하지만 이런 비난만 들끓었던 것은 아닙니다. 한편에서는 적국의 아이라 할지라도 죽어 가는 아이들은 보살펴야 한다고 생각하는 사람들의 기부가 이어지고 있었던 겁니다. 이에 힘입어 세이브더칠드런은 곧 유럽 곳곳으로 사무실을 늘려 모금과 활동을 더욱 활기차게 벌여 나갔습니다.

유럽에서 전쟁의 상처가 아물자 세이브더칠드런은 전 세계로 활동 범위를 넓히고 구호 활동뿐 아니라 어린이의 권리를 지키는 데에도 힘을 쏟았습니다. 지난 90여 년 동안 전쟁과 기아에 내몰린 어린이들을 구하고, 'UN 어린이 권리 협약'의 핵심이 된 '어린이 인권 선언'을 발표하고, 학교를 세워 교육을 지원해 왔습니다. 세이브더칠드런의 활동은 수많은 어린이의 삶을 바꾸고, 어린이에 대한 어른들의 생각도 바꾸어 놓았습니다.

무너진 들판에 꽃을 심는 사람들

죽기 위해 태어난 아이는 없습니다

"어느 날 동생은 더 이상 움직이지도 않고 울지도 않았어요. 엄마한테 동생을 보여 주었더니 동생이 죽었다고 했어요. 우리는 그 애가 죽어서 기뻤어요. 이제 동생한테 먹을 걸 안 줘도 되니까요."

1921년, 이슬람 국가인 터키(당시 오스만 제국)에서 기독교를 믿는 아르메니아 사람들에 대한 학살과 박해가 계속되자 수많은 아르메니아 사람들이 터키를 떠나 난민으로 떠돌고 있었습니다. 위와 같은 아르메니아 난민 어린이의 증언은 사람들을 충격과 슬픔에 빠뜨렸습니다.

세이브더칠드런은 아르메니아 어린이 구호와 러시아 대기근을 돕기 위해 모금 활동을 유럽 전역으로 넓히기 시작합니다. 1930년대에는 굶주리는 아프리카 어린이들의 현실을 알리고 구호 활동을 펴 나갔고, 1950년대에는 한국 전쟁으로 잿더미가 된 우리나라를 돕기도 했지요. 세이브더칠드런은 지금도 계속되고 있는 아프리카 기근과 전쟁으로 고통받는 아이들을 위해 일하고 있습니다. 최근에는 전 세계 경제 위기 문제에 모든 관심이 쏠리는 사이 오히려 굶주리는 아이들이 늘어나고 있어 이를 알리는 일에 힘을 기울이고 있습니다.

지금도 한 시간에 300명의 어린이가 영양실조로 죽고 있습니다. 해마다 이렇게 죽는 어린이가 260만 명이나 됩니다. 죽음은 피했다 하더라도 계속되는 영양실조는 아이들을 병들게 하고 몸과 두뇌 발달에도 문제를 일으켜 평생 몸과 마음에 상처를 안고 살아가게 합니다. 전 세계에 이런 발달 지체를 겪고 있는 어린이가 1억 7000만 명이나 된다고 합니다.

세이브더칠드런은 어린이들에게 음식과 옷을 나누어 주고 치료를 받도록 하는 지원과 함께 아이를 건강하게 기를 수 있도록 엄마를 돕고, 새

함께해요!

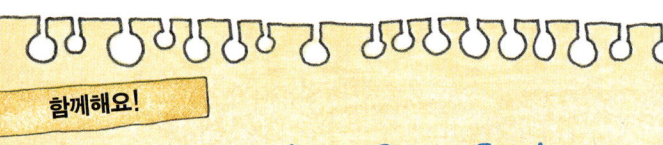
어린이를 지키는 어린이 되기

신생아살리기 모자뜨기캠페인

추운 지방이 아니더라도 밤낮의 기온 차가 큰 곳에서는 신생아들이 저체온증으로 목숨을 잃는 경우가 많습니다. 이런 아기들에게 내 손으로 직접 털모자를 떠서 보낼 수 있는 방법이 있어요. 바로 겨울마다 펼쳐지는 신생아살리기 모자뜨기캠페인이에요! 세이브더칠드런 코리아 웹 사이트에서 뜨개질 키트를 구입해 엄마, 아빠와 함께 모자를 떠 보세요. 이미 많은 어린이들이 참여하고 있답니다.

로운 건강식과 의약품을 개발해 왔습니다. 그리고 전 세계 사람들과 각국 지도자들과 기업들에게 이렇게 호소하고 있습니다.

"세상에는 이미 모든 사람들이 먹을 수 있는 충분한 식량이 있습니다. 먹지 못해 굶어 죽는 어린이가 있어서는 안 됩니다. 죽기 위해 태어난 아이는 없습니다."

어린이의 권리를 무시하지 마세요!

전통적인 사회에서는 아이들이 자연스럽게 동생을 돌보고 잔심부름을 하고 농사일을 거들면서 자랐습니다. 그런데 18세기 중엽 무렵, 이런 가족노동을 넘어서는 과도하고 위험한 노동이 아이들에게 떠맡

착한선물가게에서 선물을 골라 보세요.

세이브더칠드런은 다양한 방법으로 어린이들을 후원할 수 있는 길을 열어 놓고 있습니다. 세이브더칠드런 코리아 웹 사이트에 차려진 착한선물가게에 들러 보세요. 가난한 어린이에게 영양 간식과 튼튼 영양제 선물하기, 생명의 우물 선물하기, 염소 선물하기, 필수 약품 선물하기 등 여러 가지 후원 선물이 가지런히 진열되어 있답니다.

클릭

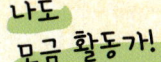 나도 모금 활동가!

세이브더칠드런의 '기빙클럽' 멤버가 되어 직접 모금 활동을 해 볼까요? 생일이 다가오나요? 친구들에게 생일 선물 대신 기부금을 내 달라고 하거나, 집에서 쓰지 않는 물건으로 벼룩시장을 열거나, 다이어트를 결심하고 과자나 떡볶이 사 먹을 돈을 모아 보는 건 어떨까요? 나도 신 나고 어려운 친구도 돕는 멋진 모금 활동가가 되어 보세요.

겨지기 시작합니다. 바로 산업 혁명으로 대규모 생산 공장이 생겨나면서부터이지요. 어린이들은 흔히 생계를 돕기 위해 또는 가난한 부모의 빚 때문에 노동을 시작해 형편없는 임금을 받으며 노예처럼 혹사당합니다. 대개 농장이나 공장, 항구, 건축 현장, 광산, 채석장 등 기술이 필요 없는 단순하고 위험한 일이 어린이들의 몫이 되었지요. 행상을 하거나 쓰레기를 주워 돈을 버는 어린이도 있고 어린 소녀들은 대개 집안의 가정부로 일했습니다. 게다가 제1차 세계 대전이 터지자 가장 큰 위험에 놓여 방치되고 고통받는 이들은 어린이였습니다. 그러나 당시에는 이런 위험한 노동과 기아, 폭력, 전쟁, 재해 등으로부터 어린이들을 보호할 아무런 법이 마련되어 있지 않았습니다.

1925년 제네바에서 첫 번째 국제 어린이 복지 회의가 개최되었을 때, 세이브더칠드런이 제출한 안이 채택되어 최초로 어린이 권리를 옹호하는 '어린이 권리 선언문'이 발표됩니다. 1959년에는 UN이 이 선언문을 공식적으로 인정했고 이를 발판으로 1989년, 마침내 UN 총회에서 어린이의 생존, 보호, 발달, 참여의 권리를 명시한 'UN 어린이 권리 협약'이 체결되었답니다. 이제 어린이의 권리를 지키는 일은 권고 사항이 아니라 의무 사항이 되었고, 이 협약에 서명한 193

개 국가는 5년마다 자국의 어린이 권리 현황을 UN에 보고해야 하지요. 이 협약은 어린이를 단순한 보호 대상이 아닌 권리를 가진 주체로 여기게 했다는 데 중요한 의미가 있습니다. 그 기초를 마련하고 인식을 변화시키기 위한 세이브더칠드런의 60여 년간 노력이 결실을 맺은 것입니다.

하지만 아직도 수많은 어린이들이 위험한 노동에 시달리고, 영양실조에 걸리고, 전쟁의 희생자가 되고 있으며, 집과 가족을 잃고 떠돌고 있습니다. 세이브더칠드런은 구호 활동과 함께 'UN 어린이 권리 협약'에 가입하지 않은 나라에 이를 촉구하고, 협약 가입국들이 협약을 위반하지 않는지 감시하기 위해 여러 어린이 단체들과 협력하고 있습니다.

꿈을 가르치는 리넬 선생님

바지에 분필 가루를 잔뜩 묻힌 리넬 선생님이 교실 앞에 서 있습니다. 온 교실을 누비는 그의 목소리에는 힘이 넘칩니다. "문장을 읽어 보렴!" 그가 말합니다. "하마는 지구상 최초의 동물이었다……." 한 여학생이 우물거리며 읽습니다. "무슨 동물이라고?" 그가 다시 한 번 크게 묻습니다. "하마요!" 온 학생이 한목소리로 말합니다. 남학생 하나가 손을 들고 묻습니다. "하마가……, 뭐예요?" 리넬 선생님은 빙긋 웃을 수밖에 없습니다. 아이티에는 하마가 없으니까요.

리넬 선생님은 세이브더칠드런이 다시 지은 스플렌더 학교의 교사입니다. 2010년 1월 12일 정오, 관측 사상 최고 강도의 대지진이 세계에서 가장 가난한 나라 아이티를 덮쳤습니다. 25만 명의 사망자와 부상자를 낳고 100만 명이 넘는 이재민이 발생한 무서운 재난이었습니다. 지진으로 90퍼센트의 학교가 무너져 어린이 50만 명이 학교를 다니지 못하게 되었지요. 세이브더칠드런은 긴급 구호와 함께 어린이들을 위한 학교 재건을 중요 목표로 세웠습니다. 그렇게 해서 지금까지 학교 38개를 짓고 교사 2300명을 훈련시켰답니다.

　가난 때문에 학업을 포기해야 했던 리넬 선생님도 세이브더칠드런에서 교육을 받고 자신이 다니던 초등학교에서 꿈에도 그리던 교사가 되었지요. 비록 대지진이 모든 것을 무너뜨렸지만 스플렌더 학교에서 아이들도 선생님도 다시 새로운 꿈을 꾸기 시작했습니다. 수많은 어린이들이 전쟁과 폭력, 가난과 재해로 고통과 상처를 받고 있지만 새로운 희망도 자라나고 있습니다. 아무리 깊은 상처라도 돌보고 치료하면 다시 새살이 돋아나는 것처럼 말이죠.

한국의 어린이 인권 운동

어린이 행복 지수 꼴찌에서 1등을 위해

우리나라는 1991년 11월 20일에 'UN 어린이 권리 협약'에 가입함으로써 어린이 인권 신장을 위한 국제 사회의 노력에 동참할 것을 약속했습니다. 하지만 부끄럽게도 경제협력개발기구(OECD, Organization for Economic Cooperation and Development) 23개국 중 한국의 어린이·청소년 행복 지수는 4년 연속 꼴찌를 기록하고 있어요. 한국청소년정책연구원의 인권 실태 조사 결과, 초등학생들이 불행한 이유는 학업 부담이 30.6퍼센트, 가정불화가 20.1퍼센트였고, 초등학생의 20퍼센트 정도가 성·연령·학교 성적·신체와 외모 조건에 따라 차별받은 경험이 있다고 답했다 합니다.

가정 해체로 방치된 아이들, 학대받는 아이들, 늘어나는 아동 성폭력 사건, 아이들을 유혹하는 각종 유해 환경, 초등학교 야간 강제 보충 수업 등장, 해외 입양 대국의 오명, 최소한의 생활 보장이 어려운

빈곤 아동, 다문화 가정 아동과 장애 아동의 인권 문제 등 어린이 인권 보호를 위한 숙제는 너무도 많습니다.

이런 문제를 해결하기 위해 여러 단체가 노력하고 있습니다. '지역아동센터'는 전국에 4000여 개 센터를 열고 가정이나 학교에서 어려움을 겪거나 가난한 어린이를 위해 복지와 인권 신장에 힘쓰고 있습니다. 또한 아이들의 교육을 위해 쉼터, 공부방, 인권 센터 등을 운영합니다. '국제아동인권센터'는 UN과 협력하며 어린이 인권을 위한 국제 협력, 캠페인, 교육, 정책 제안 같은 활동을 하고 있고, '비프렌드'는 빈곤·결식 아동을 경제적으로 지원하며 상남과 교육 활동을 펼치고 있습니다. 한편 국제 어린이 양육 기구인 '컴패션'은 전 세계 가난한 어린이를 후원자와 1 대 1 결연하여 경제적·사회적·정서적·신체적 가난에서 벗어날 수 있도록 애쓰고 있습니다.

나눔과 봉사의 기적
옥스팜

전쟁과 자연재해로 고통받는 사람들을 돕기 위해 설립되어, 전 세계 가난한 이들을 돕는 세계 최대의 빈민 구호 단체로 성장했습니다. 또한 가난을 만드는 불공정 무역과 불평등, 지구 온난화 문제에 대응하며 가난한 사람들이 자립할 수 있도록 지원하는 활동을 펼치고 있습니다.

옥스팜 Oxfam International
- **활동 분야** | 빈민 구호, 긴급 구호, 지역 개발, 자선 가게 운영 등
- **설립 연도** | 1942년
- **본부** | 영국 옥스퍼드
- **현황** | 17개국의 지부와 3만 명의 자원봉사자들이 100개 이상의 국가에서 3000개가 넘는 협력 단체들과 함께 활동
- **웹 사이트** | www.oxfam.org

동그란 마크는 영어로 옥스팜을 상징하는 'O'와 'X'로 이루어져 있습니다. 그 모양이 사람의 모습을 형상화하고 있는데, 이는 인류와 인도주의 정신을 나타내지요. 또한 리본 매듭 모양은 가난한 이들을 연결하고, 그들의 고통을 감싸 안는다는 의미도 담고 있습니다.

작은 나눔, 큰 기쁨

가난한 사람에게도 인간의 존엄성이 있다

제2차 세계 대전을 일으킨 독일은 남부 유럽 침공의 발판을 마련하기 위해 1941년 그리스를 공격해 점령합니다. 연합군은 이에 대항해 독일이 전쟁 물자를 후송받지 못하도록 그리스 해안을 봉쇄하는 작전을 펴지요. 이렇게 되자 가장 고통받는 이들은 그리스 사람들이었습니다. 바다가 막히자 독일군이 그리스의 물자를 모두 빼앗기 시작해 수많은 그리스 사람들이 심각한 기아 상태에 놓인 것입니다.

1942년 굶주림과 죽음의 고통 속에 있는 그리스 사람들의 소식이 전해지자 영국에서는 국립기아구호위원회(National Famine Relief Committee)가 만들어집니다. 위원회는 영국 곳곳에서 그리스 사람들을 돕기 위한 기금 모금에 나섭니다. 위원회의 지부 중 하나인 옥스퍼드기아구호위원회(The Oxford Committee for Famine Relief) 또한 적극적인 활동에 나서는데, 이 옥스퍼드 지부로부터 영국 옥스팜이 탄생하게 된 것입니다. 당시 중추적인 역할을 했던 옥스퍼드 대학교 학술위원회의 머리글자 'Ox'와 '기근, 굶주림'을 뜻하는 단어 'Famine'의 앞 글자를 합쳐 Oxfam이란 이름을 쓰게 되었지요.

제2차 세계 대전 이후 옥스팜은 전쟁의 상처를 치유하는 것을 목표로 활동하면서 전 세계에 식량과 옷을 보내는 활동을 폅니다. 초기에는 단순히 식량 원조를 통한 기아 및 난민 구제에 중점을 두었지만 1960년대 이후 공정 무역과 착한 소비 등 빈곤과 기아에서 벗어날 근본적인 해결책을 제시하는 데 중점을 두면서 그 활동이 더욱 깊어지게 되었습니다. 또한 각국 정부나 국제통화기금(IMF, International Monetary Fund), 세계무역기구(WTO, World Trade Organization) 등 다국적 기구의 정책에 영향을 끼치고, 국제 분쟁 해결, 세계 평화, 국제 기후 변화에 따른 지구 온난화에 대한 국제적 대처와 협력 등 다양한 분야에서 활동하고 있습니다. 이런 폭넓은 활동으로 2002년 서울 평화상을 수상했습니다.

가난이 없는 세상을 향한 행진

가난을 만드는 것에 맞서는 사람들

전쟁, 폭동, 정치적 소요, 홍수, 지진, 화산 폭발, 태풍 등 분쟁과 자연재해로 삶터를 잃고 난민이 되는 사람이 해마다 3000만 명, 전쟁으로 목숨을 잃는 사람도 해마다 50만 명이나 됩니다. 지구 어느 곳에서는 지금도 배고픔과 고통 속에서 죽음을 맞는 사람이 있습니다. 그와 함께 옥스팜의 구호 활동과 가난한 사람을 지키기 위한 활동 또한 지난 70여 년 동안 멈춘 적이 없습니다.

　중국 쓰촨 성 지진 피해 지역, 끝없는 전쟁의 땅 아프가니스탄, 소말리아 분쟁 지역, 질병으로 고통받는 짐바브웨, 인도 홍수 피해 지역, 인도양 쓰나미 피해 지역 등으로 응급 지원과 원조 활동을 확대하는 한편, 1970~1980년대에는 흑인을 차별하는 남아프리카 공화

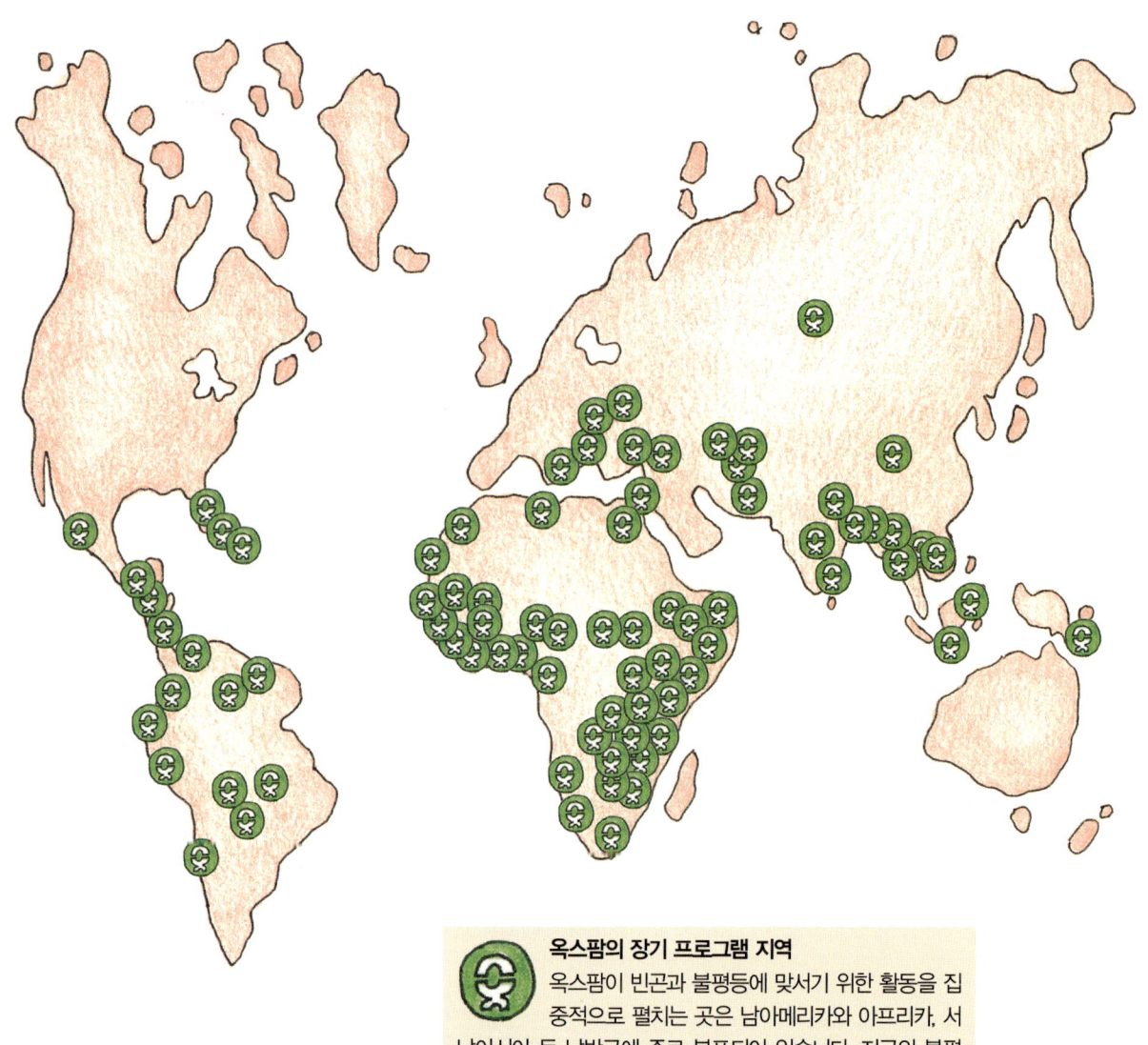

옥스팜의 장기 프로그램 지역
옥스팜이 빈곤과 불평등에 맞서기 위한 활동을 집중적으로 펼치는 곳은 남아메리카와 아프리카, 서남아시아 등 남반구에 주로 분포되어 있습니다. 지구의 불평등이 한 장의 지도 위에서도 드러나고 있는 것이지요.

국의 인종 분리 정책을 반대하는 운동을 펼쳤습니다. 1990년대 들어 옥스팜은 빈곤과 불평등을 근본적으로 해결하기 위한 주도적인 역할을 담당합니다. 빈곤과 불평등을 없앨 대안을 제시하고, 가난한 지역 주민들이 스스로 가난에서 벗어날 수 있도록 돕고, 이를 위해 특별히 교육과 정책 지원에 힘을 기울였습니다.

1994년 이후 옥스팜은 아프리카 말리에서 가난한 여성들이 사업을 시작할 수 있도록 자금 지원 프로그램을 운영하고, 방글라데시에서는 현지 주민들이 경제적으로 자립할 수 있도록 원예 기술을 가르쳤습니다. 또한 빈곤의 원인 중 하나인 불공정 무역을 개선하기 위해 공정 무역을 시작하고, 의료 및 교육 서비스를 확대하는 사업을 벌여 나갔습니다. 더 나아가 기후 변화가 가난한 사람을 더욱 가난하게 만든다는 것을 알리는 캠페인을 해 오고 있습니다.

공정한 무역을 위해

옥스팜은 1996년에 국제통화기금 IMF와 세계은행(공식 명칭은 국제부흥개발은행, IBRD, International Bank for Reconstruction and Development)이 어떻게 아프리카 국가들을 착취하고 있는가를 보여 주는 연구 보고서를 발표했습니다. 이 보고서는 국제통화기금 IMF와 세계은행 IBRD를 발칵 뒤집어 놓았죠. 이에 대한 대응책을 마련하기 위해 비상 회의를 소집할 정도였으니까요. 옥스팜의 정책 연구 보고서는 그만큼 중요한 자료로 높은 평가를 받게 되었답니다.

1998년부터 옥스팜은 저개발 국가의 성장과 발전, 사회적 불평등을 해소할 수 있는 구체적인 방안을 제시했습니다. 그동안 부유한 국가는 가난한 국가의 농산물을 수입할 때 지나치게 높은 세금을 물려 정당한 가격 경쟁을 할 수 없도록 해 왔습니다. 그래서 옥스팜은 농민 단체와 함께 캠페인을 벌이며 국제무역기구(ITO, International Trade Organization)에 압력을 넣었고, 결국 수입 관세를 면제하거나 낮추는 데 성공했습니다.

무역은 수출과 수입으로 양쪽 모두 이익을 얻기 위한 활동인데, 오늘날에는 이것이 가난한 나라를 더욱 가난하게 만드는 도구가 되

남아메리카 농민 　　　　　　　　　유럽 농민

곤 합니다. 설탕 무역을 예로 들어 볼까요? 유럽연합(EU, European Union)은 유럽의 설탕 생산 농가에 보조금을 지급합니다. 보조금을 받는 유럽의 농민들은 생산 원가보다 더 낮은 값으로 설탕을 세계 시장에 내다 팔 수 있게 되는 거지요. 반면, 보조금을 받지 못하는 아시아, 아프리카, 남아메리카의 설탕 농가는 생산 원가보다 높은 가격으로 설탕을 팔아야 이윤이 남는데, 누가 싼 설탕을 두고 비싼 설탕을 사 주겠어요. 그러니 아시아, 아프리카, 남아메리카의 설탕 농가는 손해를 보고서라도 들어간 돈보다 낮은 가격에 설탕을 팔 수밖에 없습니다. 그러면 아무리 농사를 지어도 남는 것은 빚뿐입니다.

옥스팜은 전 세계 여러 단체, 농민들과 함께 무역으로 발생하는 이익이 가난한 이들에게 돌아갈 수 있도록 노력하는 한편, 세계 무역량 2위인 커피를 생산하는 농민들이 정당한 가격을 받을 수 있도록 하고, 가난한 이들이 필요한 약품을 적정한 가격으로 살 수 있도록 특허 규제를 완화하게 하는 등 공정한 무역을 위해 힘써 왔습니다.

기부와 봉사로 꾸리는 옥스팜 가게

옥스팜이 대중에게 친숙해지는 데 가장 크게 기여한 것은 아마도 옥스팜 가게일 거예요. 옥스팜은 유럽 전역에 재활용품 판매 매장을 운영해 그 수익을 가난한 이들을 돕는 데 쓰고 있거든요. 우리나라의 '아름다운가게'도 옥스팜 가게에서 아이디어를 얻었다고 합니다.

옥스팜 가게는 1948년에 문을 열었습니다. 옥스팜이 구호 활동을 시작하던 무렵 사람들이 기부한 음식과 이불, 옷가지, 책 등을 필요한 사람에게 전하는 게 큰 문제였습니다. 막대한 운송비는 둘째 치더라도 음식은 가는 도중 싱하고, 옷과 이불 또한 필요한 용도와 크기가 달랐고, 언어가 다른 곳에서 책은 무용지물이었지요. 그래서 생각해 낸 것이 바로 재활용 가게였습니다.

옥스팜 가게 운영은 순수하게 기증품을 받아 판매하는 방식으로 이루어지지요. 주민들은 가까운 옥스팜 가게에 의류, 장신구, 그림, 가구, 장난감, 음반, 책 등 여러 물건을 기증합니다. 그리고 옥스팜 가게의 자원봉사자들은 물건 값을 계산하거나 매장 전시 디자인을 하

함께해요!

가난한 사람들을 돕는 방법도 가지가지

가난을 밝히는 100킬로미터

옥스팜은 1981년부터 해마다 세계 곳곳에서 100킬로미터라는 먼 거리를 48시간 안에 완주하는 행사를 열고 있습니다. 한 해에 2만 명이 넘는 사람들이 이 걷기 행사에 참여하고 있는데요, 거친 산을 넘고 뜨거운 태양과 매서운 바람에 맞서 걷는 것은 짧은 시간이나마 가난과 고통을 체험해 보는 일이기도 합니다. 참가비는 가난한 사람들을 위해 쓰인답니다. 아직 우리나라에서는 열리지 않고 있지만 곧 한국 옥스팜이 문을 열 예정이라고 하니 기대해 보아요.

기도 하고, 기증받은 물건을 선별·수선·세탁하기도 합니다. 그 밖에도 회계, 서류 작업, 홍보 등 자신의 재능과 관심에 따라 다양한 업무를 하게 되지요.

영국에서는 700개가 넘는 매장이 운영되고 있는데 한 해에 약 2만 명의 자원봉사자가 가게 운영에 참여하고 이를 통해 거둔 수익금이 400억 원에 이를 정도로 성장했답니다. 이 수익의 30퍼센트만 운영비로 쓰고 70퍼센트로 원조 활동을 하고 있지요. 보수도 없이 자발적으로 일하는 이들이 없다면 그 많은 수익금을 구호 사업에 쓸 수는 없었을 겁니다. 자원봉사자는 옥스팜의 주역이지요.

옥스팜 가게는 자원봉사와 기부가 어렵지 않다는 것을 사람들이 몸

쉽지만 힘센 온라인 캠페인

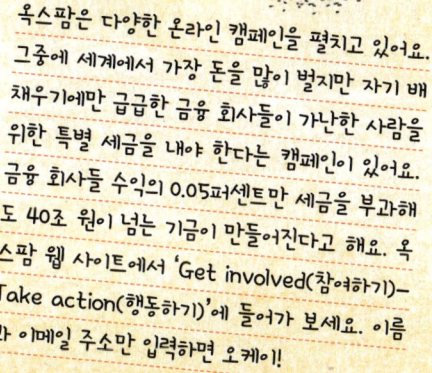

옥스팜은 다양한 온라인 캠페인을 펼치고 있어요. 그중에 세계에서 가장 돈을 많이 벌지만 자기 배 채우기에만 급급한 금융 회사들이 가난한 사람을 위한 특별 세금을 내야 한다는 캠페인이 있어요. 금융 회사들 수익의 0.05퍼센트만 세금을 부과해도 40조 원이 넘는 기금이 만들어진다고 해요. 옥스팜 웹 사이트에서 'Get involved(참여하기)-Take action(행동하기)'에 들어가 보세요. 이름과 이메일 주소만 입력하면 오케이!

한 번에 두 친구에게 선물하는 비법

친구의 생일이나 축하할 일이 생겼을 때 이런 선물은 어떨까요? 염소 커플, 아기 오리, 아기 돼지, 송아지. 아니, 그런 걸 어떻게 선물하냐고요? 걱정 마세요. 친구에게는 예쁜 동물 카드와 친구의 이름으로 그 동물을 가난한 이웃에게 기부했다는 메시지만 가니까요. 가난한 사람들에겐 소중한 가축을, 친구에겐 기쁨을, 한 번에 두 친구에게 선물하는 방법이랍니다.

소 경험하도록 하고, 새것을 사 쓰기보다 낡은 것이라도 나눠 쓰고 다시 쓰는 생활이 진정 가난한 이들을 돕고, 지구의 환경을 지키는 일임을 깨닫게 했습니다.

가난한 사람들을 더 가난하게 만드는 지구 온난화
최근 옥스팜은 지구 온난화 문제에 특별히 관심을 갖고 활동하고 있습니다. 급변하는 지구 기후에 가장 먼저 생존의 위협을 받는 이들은 바로 가장 가난한 사람들이기 때문입니다.

기후변화정부간협의체(IPCC, Inter-Governmental Panel on Climate Change)의 보고서는 지구 온난화가 계속 진행된다면 2100년에는 해수면이 26~82센티미터 높아질 거라고 내다보고 있습니다. 해수면

이 상승하면 해안 지역 저지대에 거주하는 1억 5000만 명이 목숨을 잃거나 난민이 됩니다. 이런 위협은 가난한 사람에게는 더욱 치명적입니다. 해수면 상승만이 문제가 아닙니다. 기후 변화로 폭우, 폭설, 가뭄 같은 자연재해가 늘어나면 농업이 큰 피해를 입게 될 텐데, 그러면 가난한 농민들의 어려움은 더욱 커질 것입니다. 가뭄 지역과 사막도 점점 넓어지고 있습니다. 가뭄이 계속되면 물 부족으로 고통받는 사람들도 점점 많아지고 오염된 물을 마실 수밖에 없어 질병에 시달리는 사람 또한 늘어납니다. 그리고 이런 피해는 여기에 대비할 형편조차 되지 않는 가난한 사람들이 더 많이 입게 될 것입니다.

유럽과 북아메리카를 중심으로 한 선진국들이 지금껏 지구 온난화를 불러온 대기 오염을 일으켜 왔지만 이들은 좀처럼 이산화 탄소 배

출을 줄이지 않고 있고, 그 피해는 가난한 나라들이 너무도 무겁게 짊어지고 있습니다.

옥스팜은 가난한 나라들이 기후 변화에 적응하는 데 필요한 자원과 기술을 지원하고 교육하는 일에 힘을 기울이는 한편, 지구 온난화에 책임이 있는 선진국들이 탄소 배출량을 감축하도록 촉구하는 국제 활동을 벌이고 있습니다.

한국의 국제 구호 운동

우리가 받은 도움을 되돌려 줄 때

한국 전쟁 이후 원조를 받기만 하던 우리나라가 원조를 하는 나라로 돌아서게 된 것은 언제부터일까요? 1991년 무상 원조 협력 사업을 전담하는 기관인 한국국제협력단 즉, '코이카(KOICA, Korea International Cooperation Agency)'가 설립되면서 본격적으로 시작되었는데, 그 뒤 꾸준히 국제 개발 협력을 진행해 왔습니다. 그리고 우리나라는 2010년 개발 도상국의 원조를 위해 결성된 경제협력개발기구 OECD 산하 기구인 개발원조위원회(DAC, Development Assistance Committee)의 24번째 회원국이 되었답니다. 특히 우리나라는 원조 수혜국이 원조 공여국으로 전환하여 가입한 최초의 사례이기 때문에 더욱 의미 있습니다.

아직 국제 개발 사업이 걸음마 단계이기는 하지만 세계 여러 나라

미국 서점에서 온 편지
자원봉사자 존 맥케이

"어, 전 그런 거 못하는데요?"

처음 자원봉사 신청서를 써낼 때만 해도 내가 옥스팜 헌책방에서 1년이나 일하게 될 거라고는 상상도 못 했죠. 나는 뉴욕 대학교를 다니는 학생인데, 여가 시간에 서점에서 일해 책 보고 싶어서 가벼운 일거리를 찾았거든요. 책꽂이를 정리하거나 계산대에서 일하겠거니 생각하고 옥스팜에 왔는데, 내가 해야 할 일은 온라인 작업이라는 거예요!

"어, 전 그런 거 못하는데요?"

나는 1주일에 네 시간 일하는데, 보통 두세 시간은 블로그와 트위터를 관리하고 나머지 시간은 기증받은 책을 정리해요. 자원봉사를 하기 전에는 블로그 개발 작업이 자원봉사로 이루어질 거라고는 상상도 못 했죠. 그런 일은 전문가가 하는 거라 생각했으니까요. 그런데 하다 보니 내가 하고 있더라니까요. 그렇게 어느새 1년이 흐르고 여기서 보내는 의미 있는 시간을 사랑하게 되었답니다. 게다가 소셜 미디어 마케팅을 배우는 기회까지 얻은 거잖아요! (사실, 이건 내 스펙에도 아주 중요하거든요.)

옥스팜 헌책방에서 보낸 자원봉사 시간은 아주 멋진 경험이었어요. 비록 뉴욕에서 생활할 기간이 6개월밖에 남지 않았고 그 기간 동안 논문 제출이라는 높은 장벽을 넘어야 하지만 나는 차마 이 일을 그만둘 수가 없네요. 자원봉사는 다양한 경험과 보람을 준답니다. 가난이 없는 세상을 위해 모금을 하고, 이런 가게를 운영하고 있는 옥스팜에서 우리 자원봉사자들은 1주일에 단 몇 시간이지만 최선을 다하고 있어요. 이런 시간과 노력이 모여 세상이 조금씩 나아지지 않겠어요?

*출처: 옥스팜 헌책방 뉴욕 피터게이트 지점 블로그
http://oxfambookspetergateyork.wordpress.com

의 도움으로 성장한 만큼 국제 사회의 어려움에 대한 우리의 책임감과 윤리 의식이 높아지고 있어 국제 개발 사업은 빠르게 성장하고 있습니다.

여기에는 국가적 차원에서뿐만 아니라 NGO들도 중요한 역할을 하고 있습니다. 우리나라에서 시작되어 국제NGO로 성장한 단체들도 많아졌지요. '굿네이버스(Goodneighbors)'는 전 세계 33개국에서 긴급 구호, 사회 복지 사업, 어린이 권리 보호, 사회 교육 등을 위해 활동하고 있으며, '제이티에스(JTS, Join Together Society)'는 '아시아의 빈곤과 아픔은 아시아 인의 손으로 해결하자'라는 간절한 마음으로 인도, 필리핀, 아프가니스탄, 스리랑카, 북한 등지에서 교육, 의료, 마을 개발 활동을 펼치고 있습니다.

세상의 아픔을 치료하는 사람들
국경없는의사회

정치나 종교, 경제적인 권력에 좌우되지 않고, 오직 전쟁과 기아, 질병, 자연재해 등으로 고통받는 사람들을 치료하고 돕는 전문 의료 단체입니다. 특히 전쟁 중인 위험한 지역에서도 두려움 없이 활동하며 수많은 사람들을 구해 왔습니다.

국경없는의사회 Médecins Sans Frontières

- **활동 분야** | 긴급 의료 활동, 긴급 구호, 의료 정의 구현 등
- **설립 연도** | 1971년
- **본부** | 스위스 제네바
- **현황** | 전 세계 70여 개국에서 의료·보건 전문가 3만여 명 활동, 해마다 460만 명의 개인과 재단이 1조 원이 넘는 금액을 기부
- **웹 사이트** | www.msf.org
- **국경없는의사회 한국** | www.msf.or.kr
  2012년 설립, 국경없는의사회 국내 홍보 및 한국 활동가 현장 활동 안내

누구도 도울 이 없는 위급한 상황에서 고통받거나 소외된 사람들을 위해 활동하는 의료진의 모습을 상징합니다.

생명이 가장 우선입니다.

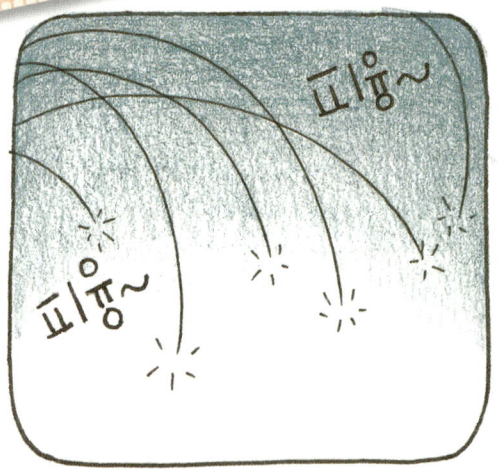

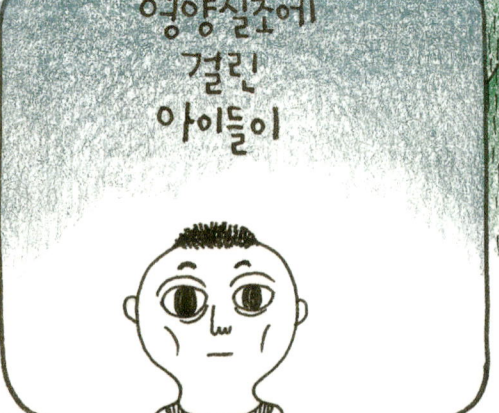

전쟁터로 달려가는 의사들

1968년, 나이지리아에서 비아프라 내전이 일어나자 적십자(Red Cross)는 자원봉사 의사들을 파견합니다. 영국으로부터 막 독립한 나이지리아에서는 해묵은 종족 간·지역 간 갈등이 끊이지 않았는데, 이보 부족이 '비아프라'라는 나라를 만들어 독립을 선언하면서 갈등이 폭발한 것입니다.

프랑스의 젊은 의사 베르나르 쿠시네도 전쟁으로 다친 사람들을 치료하기 위해 적십자 소속으로 비아프라에 도착하지요. 그런데 현장에 도착한 의사들은 큰 충격을 받았습니다. 전쟁으로 다친 사람들을 치료할 것이라 생각한 그곳에서 수십만 명의 아이들이 영양실조로 죽어 가는 모습을 날마다 마주했기 때문입니다.

비아프라 독립을 막기 위해 혈안이 된 나이지리아 정부는 노인과 아이들을 가리지 않고 마구 공격하고 비아프라 전 지역에 식량 공급까지 막는 잔인한 정책을 펴고 있었습니다. 2년 6개월간 이어진 이 전쟁으로 100만 명이 목숨을 잃었는데, 대부분은 전사자가 아니라 제대로 먹지 못해 굶어 죽은 이보 부족이었습니다. 그것은 인종 학살이었지요.

프랑스로 돌아온 베르나르는 인종 학살의 증인이 될 것을 결심합니다. 함께 파견되었던 젊은 의사와 언론인들이 뜻을 모아 나이지리아 정부를 비난하며 비아프라에서 일어나고 있는

일을 세상에 알리기 시작합니다. 정치나 종교, 경제 권력에 좌우되지 않고, 오직 전쟁과 기아, 질병, 자연재해 등으로 고통받는 사람들을 치료하고 돕는 전문 의료 단체가 필요하다고 절실히 느낀 이들이 바로 국경없는의사회를 설립한 주인공입니다.

  1971년에 설립된 국경없는의사회는 1972년 지진이 발생한 니카라과에서 구호 활동을 시작해 1976년 레바논 전쟁, 1992년 아프가니스탄 내전 등 수많은 전쟁터를 누비고 1995년 르완다 대학살 사건을 폭로하는 등 죽음을 무릅쓰고 활동해 왔습니다. 그리고 그들이 목격한 부당함을 세상에 알리는 증인이 되기도 했습니다.

이런 헌신적인 활동으로 국경없는의사회는 1991년 유럽 인권상, 1996년 서울 평화상, 그리고 1999년에는 노벨 평화상을 수상하게 되지요. 지금 이 시간에도 전쟁과 가난과 재해로 죽음의 문턱에 선 사람들 곁에 수천 명의 의사가 함께하고 있습니다.

환자의 친구가 된 의사들

가장 위험하고 가장 위급한 순간

스물다섯 살의 한 여성이 세 자녀와 오토바이를 타고 고향을 떠나 탈출하다가 군인 트럭과 맞닥뜨렸습니다. 부서진 오토바이 곁에 쓰러진 엄마와 얼굴에서 피가 흐르는 아이, 다리를 붙잡고 울먹이는 아이를 남기고 트럭은 떠났습니다. 이 끔찍한 사고 뒤 엄마는 온몸이 마비되었습니다. 엄마는 자기 때문에 아이들이 다쳤다는 심한 자책감과 우울증에 사로잡혀 있다가도 별안간 화를 내며 폭력적으로 변했습니다. 끔찍한 일을 겪은 사람에게 나타나는 외상 후 스트레스 장애였습니다. 세 아이도 불안한 날들을 보내고 있습니다. 첫째 아이는 긴 상처 자국이 남은 얼굴로, 둘째 아이는 불편한 다리를 절면서, 어린 셋째 아이는 엄마 품에 제대로 안겨 보지도 못한 채로…….

이들은 레바논에서 난민으로 살고 있는 시리아 가족입니다. 2011년 3월, 40여 년의 장기 집권에 반대하는 민주화 요구로 시작된 시리아 사태는 정부의 폭력적 진압으로 2만 명 가까이 죽거나 다치면서 내전 상황으로 치닫게 되었지요. 독재 정부에 대항하는 무장 반군과 내전이 계속되자 레바논으로 피난한 시리아 인만도 22만 명에 이르게 되었습니다.

국경없는의사회는 100명이 넘는 의료진과 지원 팀을 보내 난민들을 치료하고 구호품을 나누어 주며 겨울이면 난방 연료를 공급하고 있습니다. 동시에 내전이 계속되는 시리아에 의료 팀을 파견해 응급 치료 활동을 펼치고 있습니다.

전쟁 상황이 발생하면 가장 먼저 현장으로 달려가는 사람들이 바로 국경없는의사회입니다. 국경없는의사회는 그동안 분쟁 지역 20여 곳에서 활동해 왔습니다. 전쟁은 가장 위험하고 복잡한 상황이 얽혀 있기 마련이어서 모두들 주저하지만, 그들은 거침이 없습니다. 그곳에 피 흘리는 사람들이 있기 때문입니다.

비행기 표, 허름한 잠자리와 음식, 그리고 약간의 월급이 보상의 전부인데도 해마다 수천 명의 의사들이 이 위험한 자리에 자원합니다. 그들이 높은 수입과 안락한 생활을 마다하고 기꺼이 위험을 감수하는 이유는 무엇일까요? 그들은 고통받는 사람들을 위해 일하지만 동시에 자기 자신을 위해 일하는 것이기도 합니다. 이 일을 통해 자신의 지나온 아픈 상처를 치유받기도 합니다. 겉으로는 의사가 환자를 돕는 것으로 보이지만 실은 서로가 서로를 돕고 있는 것이지요.

거대한 자연재해가 휩쓸고 간 자리

거대한 자연재해는 순식간에 지역과 국가의 모든 시스템을 파괴하기 때문에 자연재해가 일어나면 세계 많은 사람들의 도움이 절실히 필요합니다. 지난 2005년 인도네시아, 필리핀, 태국, 스리랑카 등 인도양 연안 국가들을 덮친 쓰나미, 인도 캐슈미르 지역에서 일어난 지진, 2007년 멕시코 홍수와 방글라데시 태풍 피해 같은 재해 상황에서 국경없는의사회는 진료소와 수술 시설을 신속히 세우고 기동성을 발휘해 외딴곳에 고립된 환자들을 찾아 치료하여 수많은 사람들을 죽음에서 구했습니다. 특히 2010년 20만 명이 죽거나 다치고 100만 명이 삶의 터전을 잃어버린 아이티 지진 당시에는 역사상 최대 규모의 긴급 구호를 펼쳤습니다. 무려 3300명을 파견해 식량과 의약품을 보내고 36만 명의 환자를 치료한 것입니다.

여전히 수많은 지역에 난민, 강제로 이주된 사람, 소수 인종, 에이즈와 결핵 환자, 약물 중독자, 실업자, 집 없는 아이들이 있습니다. 이들은 병원 치료는 둘째 치고 먹고 사는 생활마저 위태롭고 소외된 사람들입니다. 그들은 두려워서 도움을 요청하지 못하거나 그 사회에서 버려진 이들입니다. 국경없는의사회는 이들을 치료하고 돕는 한편, 정부를 비롯한 국제 사회와 지역 사회에 이 상황을 알리고 대책 마련과 지원을 요청합니다. 국경없는의사회가 환자를 치료하는 일을 넘어 이런 활동을 하는 이유는 전쟁과 차별, 소외가 사라지지 않으면 이렇게 고립된 환자들이 끝없이 생겨날 것이기 때문입니다.

이름 없는 영웅들

이름 때문에 국경없는의사회에서는 의사들만 활동한다고 생각하기가 쉽지만, 사실 의사 이상으로 중요한 역할을 하는 사람들이 있습니다. 간호사, 수질과 위생 전문가입니다. 이들뿐만이 아니지요. 영양학 전문가, 병리학자, 자재 및 행정 담당, 배관공, 라디오 기사, 변호사, 기계공도 없어서는 안 되고, 약품과 식량, 휘발유, 인력, 차량, 식수 등을 전쟁터 한가운데까지 전달할 책임자와 기부금을 관리할 회계 담당에 이르기까지 이루 헤아릴 수 없이 많은 사람들

함께해요!
국경을 뛰어넘는 마음 모으기

후원이 시급해요.

5000명이 하루 동안 넉넉히 사용할 수 있는 물을 정화하는 데 드는 돈 1만 원. 말라리아에 걸린 13명을 3일 동안 치료하는 데 필요한 약값 1만 5000원. 영양실조에 걸린 어린이 한 명이 완전히 회복하는 데 제공되는 영양 치료 식비 4만 5000원.
국경없는의사회의 운영은 89퍼센트가 개인 후원금으로 이루어집니다. 개인 후원금은 국경없는의사회가 독립적으로 활동할 수 있는 뿌리가 됩니다. 긴급한 상황에 의료진과 의약품을 신속히 보내야 하는 만큼 후원금의 중요성은 더 크지요. 정기 후원 회원이 될 수도 있고 일시 후원을 할 수도 있습니다. 국경없는의사회 한국의 웹 사이트를 방문해 보세요.

국경없는의사회의 활동가가 되어요.

의사, 간호사, 심리 상담가, 약사, 재정 관리자, 인력 관리자, 기계공, 건축가 등 국경없는의사회에는 다양한 전문가가 필요합니다. 지금 당장은 이런 일을 할 수 없지만 꿈을 가질 수는 있겠지요. 어떤 의사가 되고 싶은지, 어떤 건축가가 되고 싶은지, 어떤 회계사가 되고 싶은지……, 자신의 능력을 세상을 위해 쓰고 싶다면 국경없는의사회의 활동가가 되는 꿈을 가져 보세요.

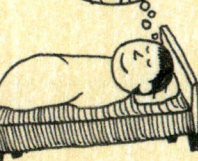

의 힘과 땀이 필요하답니다.

　의사의 치료만으로 감당할 수 없는 문제에 부딪치면 다른 전문가들이 그 빛을 발합니다. 2005년 국경없는의사회는 니제르에서 우유와 땅콩으로 만든 영양 치료식을 사용했는데, 이 영양 치료식으로 심각한 영양실조에 걸린 6만여 명의 어린이를 입원시키지 않고 치료해 90퍼센트가 건강을 회복했습니다. 영양학 전문가들과 식량 공급 책임자들의 노력이 빛을 발한 것이지요. 이후로 이 영양 치료식은 수십만 어린이의 목숨을 살려 냈고, 국경없는의사회는 어린이 영양실조의 위험에 대해 알리고 개선을 촉구하는 캠페인을 펼치고 있습니다.

　이들이 달려가는 또 다른 곳은 전염병이 퍼지는 현장입니다. 국경없는의사회는 콜레라, 뇌수막염, 홍역, 말라리아 등 전염성이 높고 치명적인 전염병에 대해 오랫동안 연구하고 치료해 왔지요. 또한 흑혈병, 수면병, 샤가스병 등 아직 효과적인 치료법이 없어 가난한 사람들을 괴롭혀 온 질병들도 치료해 왔습니다.

　더불어 필요한 약이 아니라 수익이 날 만한 약만을 연구하고 개발해 온 제약 회사들을 비판하며 연구자, 의료진 및 제약 회사와 함께 대안 약품 개발을 위해 노력하고 있습니다. 이런 노력 끝에 새로운 말라리아 약을 출시하고, 25년 만에 처음 수면병에 대한 새로운 치료법을 개발하는가 하면, 샤가스병을 치료할 신약을 개발하는 성과를 올렸답니다.

인도주의를 위한 엄격한 원칙

국경없는의사회는 정부군의 편도, 무장 게릴라의 편도, 그 누구의 편도 아닙니다. 편이 있다면 고통받는 사람들의 편이지요. 철저히 중립을 지키고 누구에게나 공정하며 자발적인 활동이라는 원칙이 있기에 아무도 접근할 수 없던 전쟁터의 한복판까지 들어가 때로는 다친 군인을, 때로는 게릴라들을, 때로는 그 사이에서 희생된 민간인들을 치료할 수 있었습니다.

국경없는의사회 회원들이 존경해 마지않는 한 의사가 있습니다. 나폴레옹 군대의 군의관이었던 도미니크 래리입니다. 그는 전쟁터에서 도망치기 위해 자해한 병사를 치료한 뒤에 이런 말을 남겼다고 합니다.

"상처가 자해한 것인지 아닌지는 중요하지 않습니다. 그것을 가려내는 것은 판사들이 할 일입니다. 의사는 환자의 친구여야 합니다. 의사는 죄가 있는 사람이든 죄가 없는 사람이든 상관없이 단지 상처만을 돌보는 데 온 힘을 기울여야 합니다."

도미니크는 전쟁터에서 군복을 입은 군인이라면 국적을 가리지 않고 치료해 적대국들 사이에서도 존경을 받았다고 합니다. 국경없는의사회가 설립되기 200년 전의 일이지만 도미니크의 이런 정신은 국경없는의사회에 그대로 이어지지요.

이들이 누구 편에도 서지 않고 독립적으로 일할 수 있는 이유는 설

시리아에서 온 편지

조산사 캐시 젠센스

전쟁 중에도 아이들은 태어납니다.

내가 시리아에 도착했을 때는 임산부를 위한 산모 보건 활동이 막 시작된 터라 장비가 도착하기 전이었습니다. 처음 내게 주어진 것이라고는 분만대도 없이 병상만 딸린 방 한 칸이 전부였습니다. 그렇다고 임산부가 출산일을 늦출 수 있는 것도 아니고, 병원 앞까지 온 임산부를 돌려보낼 수도 없는 노릇이었습니다. 일반적인 분만이야 장비가 부족해도 큰 문제가 안 되지만, 합병증이 동반되면 특수 의료 장비가 아주 절실합니다.

여성 의사가 왔다는 소문은 금방 퍼져 수많은 여성들이 병원으로 몰려들었습니다. 분쟁이 시작되고 나서 여성들은 치료받기가 더 어려워졌고, 이 지역에서는 우리 병원만이 유일한 희망이었던 것입니다. 여성들만의 공간이 열리자 이슬람 여성들은 언제나 그들을 검게 덮고 있던 '부르카'를 벗고 눈을 맞추고 마음까지 열기 시작했습니다. 이러한 여성들에게 나는 그들의 이야기에 귀 기울여 주는 사람이기도 했습니다.

한밤중에 갑자기 진통이 와 다급히 병원을 찾는 산모도 많았기 때문에 24시간 긴장을 늦출 수 없었습니다. 언제나 극도의 피로와 긴장 속에서 일해야 했지만 날마다 수많은 사람들이 죽어 가는 전쟁터에서도 날마다 새 생명이 태어난다는 사실이 그들을, 나를 살아가게 하는 힘인지도 모릅니다. 생사를 오가는 진통 끝에 건강하게 태어난 아기를 품에 안은 여성들이 나를 껴안고 진심으로 감사할 때면 어디선가 새로운 힘이 솟아오르는 것 같습니다.

*출처: 국경없는의사회 한국 웹 사이트

립 초기부터 철저히 재정적 독립을 유지해 왔기 때문입니다. 정부의 지원을 받으면 정부의 이익과 관련된 일에 중립을 지키기 어렵겠지요. 그래서 그들은 이런 원칙을 무엇보다 중요하게 지켜 왔습니다. 국경없는의사회는 지금도 운영비의 89퍼센트를 대중의 후원금으로 충당하고 그 나머지만 국제기구나 정부의 후원을 받고 있습니다.

지구를 지키는 초록 깃발
그린피스

핵 실험 반대와 고래 보호 운동으로 널리 알려진 세계 최대의 환경 단체입니다. 환경과 평화를 지키는 용감한 활동으로 여론의 지지를 얻어 여러 나라의 정책을 바꾸고 국제 협약을 이끌어 내는 활약을 펼쳐 왔습니다.

그린피스 Greenpeace

- **활동 분야** | 해양 보호, 북극 보호, 원시 숲 보호, 핵 발전 핵무기 반대, 대안 에너지 운동, 유전자 조작 식품과 독성 물질 사용 및 불법 투기 반대 등
- **설립 연도** | 1971년
- **본부** | 네덜란드 암스테르담
- **현황** | 40여 개국에 지부를 두고 300만 명의 회원이 활동
- **웹 사이트** | www.greenpeace.org
- **그린피스 서울사무소** | www.greenpeace.org/korea
2011년 설립, 한국의 원자력 문제, 고래와 해양 생태계 보호 캠페인, 참치 살리기 캠페인 등의 활동

GREENPEACE

그린피스의 초록색 로고는 '녹색(그린, GREEN)'의 지구와 '평화(피스, PEACE)'를 지키는 그린피스의 정신과 활동을 그대로 담고 있습니다. 고래잡이 어선을 감시하는 바다 위에서, 얼음이 녹아내리는 북극에서, 지구 온난화를 논의하는 정상 회담장에서, 이 초록 깃발은 지구 곳곳 환경이 파괴되는 곳에서 펄럭여 왔습니다.

지하 핵 실험을 막아라!

1971년 미국은 사람들의 반대에도 아랑곳하지 않고 알래스카 암치카 섬에서 지하 핵 실험을 준비하고 있었어요. 한때 장거리 미사일 개발에 참여했지만 미국의 핵 정책에 실망해 캐나다로 이주한 짐 볼런은 이 사실을 알고 보고만 있어선 안 되겠다고 생각했지요. 암치카 섬은 지진이 잦은 곳이라 지하 핵 실험이 끔찍한 지진과 쓰나미를 일으킬 수도 있는 데다, 멸종 위기에 있는 바다수달을 비롯한 흰머리독수리, 송골매 등 수많은 야생 동물의 피난처였거든요.

 짐 볼런과 대원 12명이 곧 작고 낡은 넙치잡이 배를 빌려 타고 캐나다 밴쿠버를 출발해 암치카 섬으로 향했습니다. 짐 볼런과 친구들은 배 위에서 뜻을 모았습니다. 우리의 행동은 환경과 평화를 위한 것이라고. 그래서 돛에 큼지막한 글씨로 이렇게 써넣었지요, 그린피스! 이것이 바로 그린피스 역사의 첫 번째 페이지가 되었답니다.

 하지만 암치카 섬에 도착하기도 전에 미국 해군이 앞을 가로막아 되돌아올 수밖에 없었습니다. 그런데 밴쿠버에 돌아온 대원들은 깜짝

놀랐어요. 비록 핵 실험을 막지는 못했지만 이 사실이 세상에 알려져 많은 사람들이 이들의 용기 있는 행동을 응원하며 미국에 항의하고 있었던 겁니다. 뜻밖의 거센 반대 여론에 부딪힌 미국은 결국 핵 실험을 중단했고, 이후 암치카 섬은 조류 보호 구역으로 지정되었지요.
　작은 고깃배로 미국의 군함을 상대한 행동은 순진하고 불가능한 것처럼 보였지만, 그 '행동'이 세상에 진실을 알리고 사람들의 마음을 움직여 미국을 움직이는 놀라운 결과를 이끌어 낸 것입니다. 이들의 행동에 감명받은 사람들이 늘면서 그린피스 운동이 세계 여러 나라

2013년 현재

로 퍼져 나갔고 1979년, 국제 그린피스가 정식 출범하게 됩니다. 12명에서 300만 명 회원으로, 캐나다에서 세계 40여 개국으로, 작은 고깃배에서 8척의 대형 선박과 헬리콥터, 최신의 통신 장비를 갖춘 세계 최대의 환경 단체로 성장한 그린피스의 활약을 만나 볼까요?

환경 파괴의 증인이 된 무지개 전사들

우리가 고래의 친구가 될 수 있을까?

고래는 고대부터 인간에게 신령스러운 존재였습니다. 바닷가 어부들은 고래를 바다의 신이라 여겨 제사를 지내기도 하고, 고래가 사람을 구한 전설이 전해 내려오기도 하지요. 그 시절에는 고래 한 마리를 잡기 위해 엄청난 노력과 시간과 위험을 감수해야 했습니다. 우리나라 울주군 반구대의 신석기 시대 그림에도 이런 모습이 남아 있답니다.

그런데 어업 기술이 발달하는 17세기부터 사람들은 상업적으로 고래를 잡기 시작했어요. 고래가 인간 생활에 유용하다는 걸 알게 되었기 때문이지요. 고래 고기를 먹을 뿐 아니라 고래에서 나오는 기름인 경유로 등불을 밝히고 난방을 하게 되었습니다. 나아가 마가린 같은 식료품의 재료로, 화장품, 비누, 세제, 양초, 약품의 재료로까지 다양하게 쓰이면서 해양 국가들은 앞다투어 고래잡이에 뛰어들었습니다.

하지만 이것은 고래에게 끔찍한 재앙이었습니다. 해마다 수만 마리씩 고래를 잡아들이자 고래의 80퍼센트가 사라져 몇몇 종은 멸종 위기에 처한 것입니다. 특히 대서양의 귀신고래는 완전히 사라져 버렸고, 서태평양 귀신고래는 단 160마리만 남게 되었지요. 우리나라 동해안을 지나던 귀신고래도 1977년 이후 자취를 감추고 말았습니다. 남극의 흰긴수염고래는 이제 단 1퍼센트만이 남아 명맥을 이어가고 있습니다.

그린피스는 무자비한 상업적 고래잡이에 처음으로 문제를 제기합니다. 1975년 처음 포경 반대 운동을 위해 출항한 이래 40년 가까이 전 세계 바다에서 포경 선단과 싸우고 고래 모니터링을 하는 등 고래 보호 운동을 지속적으로 펼쳐 왔습니다. 노르웨이, 아이슬란드, 일본의 포경선에 맞서 레인보우 워리어호로 고래 앞을 가로막아 작살을 던지지 못하도록 해상 시위를 벌이는가 하면 기발한 캠페인으로 고래 보호 운동에 대한 사람들의 관심을 이끌어 왔지요. 1982년 그린피스와 여론의 거센 반대에 부딪힌 국제포경위원회(IWC, International Whaling Commission)가 마침내 상업 포경을 일시적으로 중단한다고 선언하고, 4년 뒤에는 모든 대형 고래의 상업 포경이 완전히 금지되었답니다.

위험에 빠진 참치들

그린피스가 바다에서 펼치는 또 하나의 주요한 캠페인은 멸종 위기에 처한 참치에 관한 것입니다.

'참치가 멸종 위기에 있다고? 마트마다 산더미처럼 쌓인 게 참치

통조림인데? 말이 돼?'

맞아요. 엄청나게 많은 참치들이 바다에 살고 있었지요. 그런데 사람들이 엄청나게 많은 참치를 잡아 왔고 이제 참치는 얼마 남지 않았습니다. 참치 8종 가운데 5종이 세계자연보전연맹(IUCN, International Union for Conservation of Nature)의 멸종 위기 종 또는 위기 근접 종에 포함된 것입니다.

우리나라는 이러한 세계 참치 자원 고갈에, 특히 태평양에서의 참치 감소에 한몫해 왔습니다. 한국의 참치 어획량은 일본,

대만에 이어 세계 3위를 달리고 있습니다. 참치 통조림 소비량 또한 아시아 최고 수준으로, 해마다 2억 6000만 개의 참치 통조림을 소비하고 있다고 합니다. 그린피스는 파괴적이고 소모적인 어업 방식을 가장 큰 문제로 꼽습니다. 초대형 어선들은 보통 참치 떼를 끌어들이는 음파를 쏘는 집어 장치를 사용하는데, 이 장치로 참치 떼가 몰려들면 거대한 그물을 당겨 참치를 잡습니다. 그런데 이 그물의 크기가 무려 축구장 70개에 달하는 초대형 어선들

은 태평양 섬나라들이 1년 동안 잡아들일 양의 참치를 한 번의 어업으로 싹쓸이합니다. 이렇다 보니 그물에는 참치만 잡히는 것이 아닙니다. 멸종 위기에 처한 대형 참치 종의 새끼는 물론, 상어, 가오리, 바다거북과 같은 다른 바다 생물들도 집어 장치 아래 모여들었다 그물에 걸리고 맙니다. 그리고 이들은 결국 죽은 채로 다시 바다에 버려지는데, 그 양이 전 세계적으로 매년 20만 톤에 달해 우리가 먹는 참치 통조림 10개 중 1개 분량이 버려지는 셈입니다.

그린피스는 불법 어업을 막고 파괴적인 어업 활동을 줄이며 태평양에 보호 구역을 설치하기 위해 고군분투하고 있습니다. 그리고 집어 장치를 사용한 대규모 남획 대신 낚싯줄을 깊게 드리워 끌어 올리는 방법을 대안으로 내놓고 있습니다. 이렇게 하면 선체 어획량을 줄이면서도 지역민의 어획량은 유지할 수 있으니 지역을 보호하는 방안도 되는 거지요.

이 밖에도 그린피스는 해양 생물 보호를 위한 다양한 활동으로 전 세계에 진실을 전하고 관심을 불

함께해요!

지구를 지키는 무지개 전사의 지킴이가 되어요!

지구를 위해 기부하기

우리가 직접 북극으로, 아마존으로, 아프리카로, 바다 밑으로 달려가 지구 환경을 지킬 수는 없지만 지구를 지키는 무지개 전사들을 위해 기부금을 낼 수는 있지요. 그린피스 웹 사이트에 접속해 한 번 또는 매월, 매해 원하는 방법으로 원하는 금액을 기부할 수 있습니다. 기부금은 전 세계에서 사무소를 운영하고, 바다 위를 지키는 배를 운영하고, 국제기구와 정부에 압력을 넣는 그린피스 활동에 소중한 밑거름이 된답니다.

러왔습니다. 그린피스는 새하얀 털가죽을 얻기 위해 해마다 수만 마리씩 희생되는 어린 하프바다표범을 보호하기 위해 사냥철이 되면 피비린내 나는 얼음 위로 달려가 육탄으로 저지합니다. 또한 마지막 남은 원시 바다인 남극의 로스 해에서 벌어지는 무차별 남획을 폭로하고 감시하며 국제 사회에 관심과 대책 마련을 촉구하기도 합니다.

바다는 쓰레기 하치장이 아니야

1995년 4월 30일, 영국의 석유 기업 쉘이 원유 시추 수명을 다한 설비를 북대서양에 폐기하는 작업을 시작하고 있었습니다. 그런데 어디선가 헬리콥터가 다가와 굴착 장비 위로 사람들을 내려놓았습니다. 쉘

그린피스 배를 타고 세계로

세계 각지에서 다양한 사람들이 자원봉사나 전문 활동을 위해 선원 및 활동가가 되어 그린피스가 운영하는 배(그린피스의 환경 감시선은 레인보우 워리어호와 에스페란자, 북극의 일출 등 모두 3척)에 탑승하고 있어요. 불법 참치잡이를 감시하는 배에는 수많은 한국 어선들과 대화하기 위해 한국어를 영어로 통역할 사람도 꼭 필요하답니다. 3개월 동안 해양 활동과 여러 나라를 방문해 협력하는 활동을 하려면 건강한 체력과 따뜻한 협동 정신, 영어 회화 실력 등을 갖추어야 하지요.

온라인 활동에 참여하기

그린피스는 주요 이슈마다 세계인들의 관심과 참여를 이끌기 위한 항의 메일 쓰기, 온라인 서명 등 다양한 캠페인을 펼치지요. 북극에서 석유 시추를 제한하라고 오바마 대통령에게 이메일 쓰기, 후쿠시마 원전 사고 피해자들에게 원자력 기업이 손해를 보상해야 한다고 각국 정부에 이메일 쓰기 등에 참여할 수 있답니다. 샘플로 작성되어 있는 요청 메시지에 이름과 이메일만 적어 넣으면 쉽게 보낼 수 있지요. 그린피스 웹 사이트에서 'Get involved(참여하기)-Take Action(행동하기)'에 들어가 관심 있는 주제를 찾아보세요.

의 직원들이 당황하는 사이 이들은 플래카드를 펴 들고 시위를 시작했습니다. 그린피스 대원들이 바다 한가운데에서 바다에 기계 쓰레기를 버리지 못하도록 몸으로 막고 나선 것입니다. 쉘 측은 대원들을 향해 물 대포를 쏘아 댔습니다. 바다 위에서 쉘의 설비를 끌고 가는 배를 가로막고 있던 그린피스의 고무보트 또한 물 대포의 공격을 당해 뒤집힐 위험에 처했습니다.

바다 위에서의 전쟁이 찍힌 이 영상이 공개되자 유럽 전역에서 쉘을 비난하는 항의가 터져 나왔습니다. 그 전까지 사람들은 정유사가 바다에서 무슨 짓을 하는지 전혀 모르고 있었지요. 분노한 독일 사람들은 쉘 주유소에서 기름을 넣지 않는 운동에 동참했고, 쉘의 독일 매출은 즉시 반으로 곤두박질쳤습니다. 판매 감소와 주가 하락에 몰린 석유 재벌 쉘은

두 달도 되지 않아 모든 계획을 철회한다고 발표했습니다. 그리고 이 설비는 1998년에 땅으로 끌어 올려져 노르웨이에서 방파제로 재활용되었답니다.

이 사건은 수명을 다한 굴착 장비를 바다에 버릴 심산이었던 수많은 정유 기업들에게 경고가 되었지요. 기업들이 자신의 폐기물에 대해 책임을 져야 한다는 사실, 바다는 오염된 설비를 버리는 쓰레기 하치장이 아니라 소중한 생태계라는 사실을 똑똑히 깨닫게 했으니까요.

또 하나의 유독 폐기물 문제는 수명을 다한 선박 해체 과정에 있습니다. 그린피스와 국제 사회의 노력으로 위험한 쓰레기를 다른 나라로 수출하는 것을 금지한 '바젤 협약'이 1992년 발효했음에도 불구하고 이런 일은 끊이질 않고 있었습니다. 선진국들이 인도, 방글라데시, 중국, 파키스탄, 터키 등으로 팔아넘긴 폐선박을 아무런 안전 교육도 받지 않은 노동자들이 맨몸으로 해체하고 있는 것이지요. 노동

그린피스의 비폭력 직접 행동
(NVDA, non violent direct action)
그린피스는 전 세계 정부 및 기업들의 환경 파괴 현장을 다양하고 기발한 방법으로 많은 사람들에게 알리는 활동을 합니다. 이러한 활동을 통해 사람들의 생각을 바꾸고, 우리 주변에서 일어나고 있지만 알지 못했던 놀라운 사건들을 알게 해 주지요. 나아가 이런 활동들이 국가나 기업의 환경 파괴나 동물 학대 등을 실제로 중단시켜 왔습니다. 그린피스의 이런 활동은 하늘과 바다뿐만 아니라 바닷속, 빌딩 위, 고대 유적지, 다리 위 등 장소를 가리지 않고, 아주 독창적이고 비폭력적인 방법으로 이루어지고 있습니다.

자들은 하루 종일 치명적인 독소가 가득한 배 안에서 일하며, 기름이나 가스가 남아 있는 파이프를 자르다가 폭발 사고를 당하기도 하고 갑자기 떨어진 강철판에 깔려 목숨을 잃기도 합니다. 수많은 노동자들이 죽거나 팔다리를 잃거나 임에 걸려 죽어 가고 있습니다.

그린피스의 끈질긴 항의로 2006년 프랑스가 석면을 가득 실은 폐군함을 인도에 폐기하려던 계획을 포기하고 프랑스로 되돌아가는 사건을 통해 폐선박 해체 문제는 사람들의 주목을 받게 되었습니다.

2000년대 들어 그린피스는 운동의 폭을 넓혀 유전자 변형 작물의 위험과 삼성, LG, 모토로라, HP 등이 전자 제품에 사용하는 유해 화학 물질 문제, 코카콜라와 맥도날드가 냉동 장비에 사용하는 지구 온난화 화학 물질 문제 등을 제기해 왔습니다. 그리고 지구 온난화를 일으키지 않는 냉장고 개발에 성공해 기업들이 사용하는 냉장고 부품을 교체하도록 참여를 이끌고 있습니다. 언제나 은밀한 환경 파괴가 이루어지는 현장에 달려가 반대 시위를 펼치고 그 사실을 폭로하여 진실을 알리면서 변화를 만들어 온 그린피스의 초록 깃발은 오늘도 지구 곳곳에서 휘날리고 있습니다.

한국의 환경 운동

경제 개발의 그늘과 함께 성장한 환경 운동

예전에 초등학생들이 행복한 미래를 주제로 그림을 그릴 때면 빠지지 않고 그려 넣는 게 있었습니다. 바로 공장 굴뚝에서 검은 연기가 나는 모습이었습니다. 대기 오염이 무엇인지 모르던 1970년대에 공장 굴뚝은 경제 성장의 상징이었거든요. 믿기지 않겠지만 그때는 환경 오염에 대한 논문을 발표했다는 이유로 교수직에서 해고될 정도로 환경 오염에 대해 이야기하는 것은 곧 정부에 반대하는 셈이 되던 시대였습니다.

하지만 환경 오염의 피해는 계속 터져 나왔고 1982년 마침내 한국 최초 환경 운동 단체인 '한국공해문제연구소'가 탄생합니다. 이어서 주부, 학생, 청년 들이 참여하는 환경 운동 단체와 지역 단체도 속속 출범합니다. 1988년에는 환경 운동에 중요한 역할을 하게 되는 '공해추방운동연합'이 결성되었지요. 1990년대부터는 기존의 시민 단체인 '경제정의실천시민연합', 'YMCA' 들도 환경 운동에 참여하기 시작했고, '환경운동연합', '녹색연합' 같은 전문 환경 단체도 생겼습니다.

이제 환경 운동은 환경 오염뿐만 아니라 에너지, 먹거리, 재활용, 동식물, 지구 온난화 등 일상에서부터 전 지구의 문제까지 다루는 폭넓은 활동을 담당하고 있습니다. 우리 일상생활에서부터 북극곰, 아마존 밀림과 원자력 발전소, 바다의 산호초까지 지구 환경은 그물처럼 촘촘하게 유기적으로 연결되어 있기 때문이지요.

우리나라에서 가장 대표적인 환경 단체는 전국에 51개 지역 조직이 활동하는 '환경운동연합'인데, 국내 환경 오염을 조사하고 대응하

면서 핵 물질 이용 반대, 고래 보호, 기후 변화 대응 등 국제 연대 활동을 펼쳐 왔답니다. 더불어 '녹색연합'은 백두대간 지키기, 멸종 위기 동물 조사·연구·보호, 비무장 지대와 민통선 지역 보전 활동, 생

프랑스에서 온 편지

프랑스 그린피스 액션 팀

핵 발전소에 잠입하라!

2012년 5월 2일 이른 아침, 우리는 멀리 부게이 원자력 발전소가 바라다보이는 들판에 모여 장비를 점검했습니다. 모든 준비는 끝났고 이제 행동하는 것만 남았지요. 액션 팀의 노장 쉬르와 크루아스가 등에 맨 프로펠러 스위치를 켜자 바람을 가르는 소리와 함께 그린피스 로고를 새긴 패러글라이더의 노란 날개가 활짝 펴졌습니다.

패러글라이더는 가볍게 날아 원자력 발전소 상공에 거의 다다랐지만 발전소 측은 그 움직임을 전혀 눈치채지 못했습니다. 우리는 모두 숨죽였지요. 마침내 둥근 원자로 건물 위까지 날아간 우리 대원들은 폭탄이라고 가정한 연막탄을 건물 위에 떨어뜨리고 발전소 안에 착륙하는 데까지 성공했습니다. 우리는 성공했지만 사실 이것은 엄청난 실패였습니다.

이것이 정말로 테러범의 행동이었다면 발전소는 어떻게 되었을까요?

우리가 촬영한 영상은 곧장 언론에 공개되었고 프랑스 국민들은 충격에 휩싸였습니다. 어떻게 그 위험한 핵을 관리하는 곳의 보안이 이렇게 허술할 수 있는지 믿을 수 없었던 거지요. 1979년 미국 스리마일 섬에서 최초의 대형 원전 사고가 일어났고, 1986년에는 구소련 체르노빌에서 끔찍한 사고가 반복된 뒤, 2011년 일본 후쿠시마에서 다시 사고가 터졌습니다. 원자력 발전소 보유 규모 세계 1~5위는 미국(100개), 프랑스(58개), 일본(50개), 러시아(33개), 그리고 한국(23개)입니다. 또다시 사고가 일어난다면 다음 차례는 어느 나라일까요?

유럽에서는 핵 발전소를 100개나 줄였고, 오스트리아와 스위스, 독일, 벨기에는 핵 발전 폐지 정책을 결정했지요. 후쿠시마 원전 사고 이후 최근 이탈리아는 국민 투표를 통해 94퍼센트에 달하는 압도적인 반대로 핵 발전 정책을 포기했습니다. 유럽의 많은 국가들이 그 위험을 인식하고 핵 발전을 포기했지만 프랑스 정부만은 흔들림이 없었습니다. 유럽 국가들이 핵을 포기하게 만든 것은 결국 국민들이었습니다. 지금도 프랑스의 핵 발전소는 위험한 가동을 계속하고 있지만 프랑스의 여론은 서서히 돌아서고 있습니다. 그리고 그린피스의 거침없는 액션 시위도 계속되고 있습니다.

*출처 : 그린피스 웹 사이트

태 마을 만들기 등 10개 지역 조직과 함께 녹색 생명 운동을 펼치고 있습니다. 지구 환경을 지키는 새로운 생활 양식을 만들어 가는 '녹색소비자연대'는 환경친화적인 소비와 녹색 구매 운동, 자원 재활용 운동, 깨끗하고 안전한 삶터 만들기 등의 활동을 펴 나가고 있습니다. 이 밖에도 많은 NGO들이 환경을 지키기 위해 노력하고 있답니다.

졸업장이 필요 없는 대학
맨발대학

맨발대학은 가난한 사람들도 기술을 가진 전문가가 될 수 있도록 무상 교육의 기회를 주고 농촌 사람들에게 자신의 정당한 권리를 가르쳐 온 비영리 단체입니다. 평생 가난한 사람들을 위해 일한 간디의 정신을 이어 가고 있지요. 어떤 학위 증명서도 받을 수 없지만 배우는 사람이 가르치는 사람이 되어 배움을 세상에 전하는 나눔의 교육을 해 왔습니다.

맨발대학 Barefoot College

- **활동 분야** | 기술 교육, 대안 에너지 개발, 어린이 교육 등
- **설립 연도** | 1972년
- **본부** | 인도 틸로니아
- **현황** | 인도 전역에 20개의 캠퍼스를 운영, 아시아와 아프리카, 남아메리카 1000여 개 마을 45만 명에게 태양 에너지 기술 보급
- **웹 사이트** | www.barefootcollege.org

맨발은 인도의 가난한 사람들이 언제나 그랬듯이, 아무것도 가진 것 없는 맨발의 사람들을 위한 학교라는 특별한 뜻을 담고 있습니다. 실제로 이 학교에서는 대부분의 학생과 교수 들이 맨발로 배우고 맨발로 일한답니다.

당신도 할 수 있습니다.

세상을 바꾼 여행, 꿈을 가르치는 학교

여기는 인도 라자스탄 주 틸로니아입니다. 인도의 카스트 제도에서 가장 낮은 신분인 불가촉천민들이 모여 사는 곳입니다. 사방을 둘러봐도 나무 한 그루 없이 먼지만 풀풀 날리는 이 황무지에 숲을 일구고 세상에 빛을 밝힌 이야기는 50년 전 한 청년의 여행으로 거슬러 올라갑니다.

벙커 로이는 인도 카스트 제도의 최상류 계급인 브라만 가문에서 좋은 교육을 받으며 유복하게 자랐습니다. 그의 부모님은 집안의 다른 사람들처럼 벙커가 정치인이나 외교관, 장교, 법관 같은 사람이 되리라고 믿어 의심치 않았지요. 그런데 벙커가 델리에서 대학을 다니던 1960년대 중반, 인도 비하르 지방에 큰 기근이 들게 됩니다. 계속된 가뭄으로 수많은 사람이 굶어 죽고 있다는 소식을 들은 벙커는 자신이 모르는 인도의 이면을 보고 싶다는 호기심에 자원봉사자로 지원해 비하르로 떠나지요. 그런데 풍요롭게 자란 귀족 청년의 호기심은 곧 충격으로 바뀌었습니다. 가는 곳마다 아직 숨이 붙어 있는 사람과 이미 숨이 끊어진 사람이 뒤섞여 있고, 비쩍 마른 아이가 붙잡고 우는 여자의 몸에서는 썩은 냄새가 진동했습니다.

'이럴 수가……. 이토록 비참하게 살아가는 사람들이 있단 말인가! 그런데도 최고의 교육을 받은 우리가 이들에게 아무것도 되돌려주지 않았단 말인가! 어떻게 이럴 수가…….'

그때부터 벙커는 자신이 상상하지 못했던 다른 삶을 살기로 결심합니다. 그는 델리로 돌아가 가난한 사람들의 현실에 대해 조사하고 공부하며 마음이 통하는 사람들을 만났습니다. 인도 카스트 제도의 최하위층인 불가촉천민들은 교육이나 경제적 지원, 의료 혜택도 제대로 받지 못할뿐더러 다른 신분의 사람들과 함께 이야기를 하거나 밥을 먹는 것도 금기시되어 있습니다. 짐승보다도 못한 취급을 받아 온 것입니다. 하지만 벙커는 가난한 사람들도 배움의 기회를 갖는다면 달라질 수 있다고 확신했습니다. 그래서 학교를 만들기로 결심하지요. 그것은 졸업장을 따기 위한 학교가 아니라 삶을 가르치고 꿈을 심어 주는 학교, 글을 모르는 사람도 배울 수 있는 학교, 가난한 사람

을 위한 학교여야 한다고 생각했습니다.

　1972년, 틸로니아의 버려진 병원 건물 몇 채를 빌려 비영리 단체를 설립하면서 그 생각은 현실이 되기 시작했습니다. 삶 속에서 진정한 지혜와 기술을 가르치는 학교의 이름은 인도의 위대한 철학자이자 지도자인 간디와 수많은 가난한 이들의 모습, 바로 '맨발'이었습니다. 그로부터 수많은 전문가들이 태어나는 맨발의 여정이 시작된 것입니다.

가장 낮은 사람들이 이룬 가장 고귀한 변화
맨발의 전문가들

틸로니아에 온 벙커와 친구들은 가장 먼저 우물 파는 일을 시작했습니다. 당시에 여성들은 날마다 10킬로미터가 넘는 황무지를 걸어가서 하루 먹을 물을 힘겹게 항아리에 이고 와야 했기든요. 가뭄이라도 들면 생활은 더욱 어려워졌지요. 벙커는 마을의 여성들에게 물었습니다.

　"먼 곳에서 전문가를 불러와 많은 돈을 들여 우물을 파는 것이 좋겠습니까? 아니면 여러분이 배워 직접 우물을 파는 것이 좋겠습니까?"

　이 말을 들은 여성들은 깜짝 놀라 서로 얼굴만 바라보았어요. 그런 말은 처음 들어 봤기 때문이지요. 그들이 아는 전문가는 모두 교육을 받은 남자들이었습니다. 벙커는 빙긋 웃기만 했습니다. 그때, 한 여성이 용기를 내어 말했습니다.

"우리가 배울 수 있을까요? 아니……, 배우고 싶어요."
맨발대학은 여성들에게 우물을 파고 펌프를 설치하는 법을 가르치기 시작했습니다. 여성들은 스스로 우물을 파는 전문가가 되었고, 그들은 다시 이웃 마을 여성들에게 우물 파는 법을 가르쳤습니다.

배우는 사람이 곧 가르치는 사람이 되었고 배움과 가르침의 순환은 학교를 떠나 곳곳으로 퍼져 나갔습니다. 종이 위에 적힌 지식이 아니라 삶 속에 뿌리내리는 지식, 목에 힘을 주고 잘난 체하는 지식이 아니라 공동체를 위한 지식을 서로 가르치고 배우는 맨발대학의 실험이 시작된 것입니다.

맨발대학은 40여 년 동안 틸로니아에서만 4000명이 넘는 지역 전문가를 길러 냈고, 인도 13개 주에 20개의 캠퍼스를 열어 가난한 사람들에게 배움의 기회를 넓혀 왔습니다. 지금도 맨발대학 캠퍼스에서는 수많은 사람들이 회계사, 예술가, 영화감독, 정보 기술(IT) 전문가, 물 전문가, 태양 에너지 기술자, 건축가, 디자이너, 보건 위생 관리자 등 다양한 전문가로 성장하고 있습니다.

맨발대학이 졸업생에게 학위 증명서를 발급하거나 졸업장 같은 것을 주지는 않습니다. 배움은 그런 종잇조각으로 증명할 수 있는 것이 아니라고 믿기 때문이지요. 진정한 배움은 삶 속

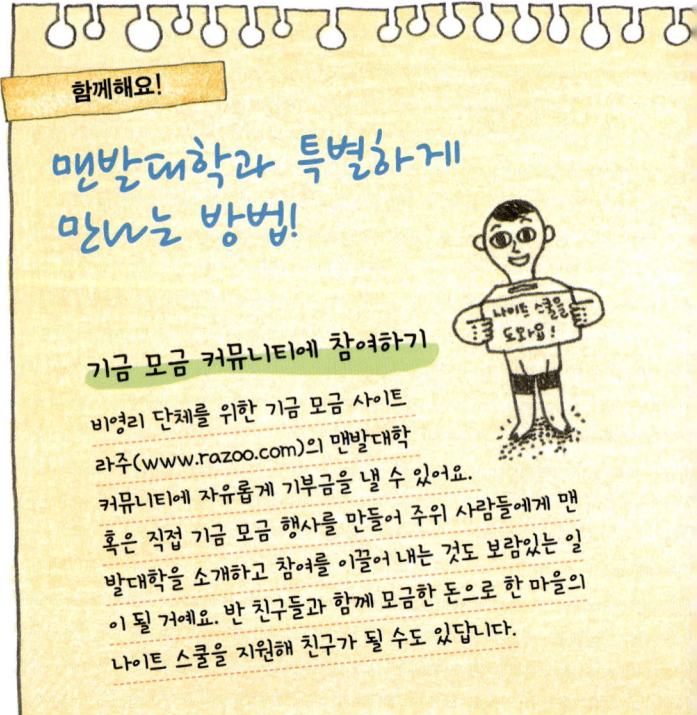

함께해요!

맨발대학과 특별하게 만나는 방법!

기금 모금 커뮤니티에 참여하기

비영리 단체를 위한 기금 모금 사이트 라주(www.razoo.com)의 맨발대학 커뮤니티에 자유롭게 기부금을 낼 수 있어요. 혹은 직접 기금 모금 행사를 만들어 주위 사람들에게 맨발대학을 소개하고 참여를 이끌어 내는 것도 보람있는 일이 될 거예요. 반 친구들과 함께 모금한 돈으로 한 마을의 나이트 스쿨을 지원해 친구가 될 수도 있답니다.

에서 저절로 증명되는 것이니까요. 이것이 맨발대학의 정신입니다.

문맹의 여성 엔지니어

흑인 여성 12명이 전기 인두로 납땜을 시작하자 '치이익' 하는 소리와 함께 가는 연기가 피어오릅니다. 이들은 아프리카 시에라리온의 작은 마을 콘타라인에서 온 여성들입니다. 이들은 학교라고는 다녀 본 적이 없어서 글을 읽을 줄 모릅니다. 아프리카 말과 인도 말은 완전히 다르니 말이 통할 리도 없지요. 그런데도 이들은 벌써 다섯 달째 태양광 램프를 만드는 수업을 받고 있습니다. 이게 어떻게 된 일일까요?

맨발대학은 글을 모르는 사람도, 말이 달라 알아듣지 못하는 사람

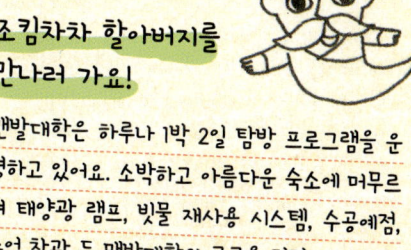

조킴차차 할아버지를 만나러 가요!

맨발대학은 하루나 1박 2일 탐방 프로그램을 운영하고 있어요. 소박하고 아름다운 숙소에 머무르며 태양광 램프, 빗물 재사용 시스템, 수공예점, 수업 참관 등 맨발대학의 곳곳을 직접 다니며 배울 수 있지요. 세계 여러 나라에서 맨발대학을 탐방하러 온 사람들을 만나고, 365살 조킴차차 할아버지가 들려주는 재미있는 이야기도 듣고요.

배움의 여행자 되기

태양광 발전 엔지니어 교육을 무상으로 받을 후보 할머니를 만나는 여행, 태양광 마을을 선정하는 여행, 태양광 마을이 된 부탄의 산골 마을을 평가하는 여행에 일반인이 참여할 수 있는 문을 열어 놓고 있답니다. 오지 여행과 배움을 함께 할 수 있는 특별한 기회이지요.

도, 배우고 싶은 마음만 있다면 기술을 배울 수 있도록 모든 수업을 기호와 그림으로 설명하는 방법을 고안했습니다. 색깔이 서로 다른 전선과 부품으로 연결하고 조립하는 기술을 직접 보여 주며 수화로 가르치는 것이지요. 이렇게 6개월 과정을 끝내면 태양광 램프 엔지니어가 될 수 있답니다.

가난한 사람들에게 지구를 지키는 깨끗한 에너지 기술을 보급하는 일은 여기에서 그치지 않았습니다. 맨발대학의 또 다른 중요한 교육 프로그램으로 태양열 요리 기구 제조 과정을 빼놓을 수 없지요. 300개의 거울을 커다란 접시 모양으로 이어 붙여 태양열을 모아 요리할 수 있는 기구를 만드는 기술을 가르쳐 온 것입니다. 넓은 마당이 딸린 건물 한쪽에서는 인도의 전통 의상인 사리를 입은 젊은 여성이 요리 기구를 받칠 강철을 용접하고 있고, 또 한쪽에서는 태양열을 한 곳으로 정확히 모으기 위해 거울을 붙이는 각도 계산법을 배우고 있지요. 이런 기술 교육은 자국의 여성들이 교육받기를 희망하는 국가의 정부나 다양한 공익 재단의 지원을 받아 무상으로 이루어집니다.

그동안 아시아, 아프리카, 남아메리카 등지 50개국에서 온 700여 여성은 태양광 발전기를 만들고 태양열 요리 기구를 만드는 엔지니어로 성장했습니다. 이들이 다시 고향으로 돌아가 사람들을 가르치면서 이제 1000개가 넘는 마을에서 45만 명에 이르는 사람들이 태양열로 불을 밝히고 음식을 만들어 먹게 되었습니다.

이들은 더 이상 땔감을 구하러 다니지 않아도 되고, 비싼 전기료를 내거나 기름이나 가스를 사는 데 돈을 쓰지 않아도 됩니다. 무엇보다 이들이 얻은 가장 큰 선물은 상상도 못 했던 사람이 되어 있는 자신을 보며 '자신감'을 얻게 된 것입니다. 그들은 그 마음의 힘으로 자신의 운명을 바꿔 가고 있지요. 그리고 그들을 본 수많은 여성들의 가슴에도 꿈이 자라기 시작한 것입니다.

별처럼 빛나는 나이트 스쿨

달도 뜨지 않은 밤, 어둠 속에서 마을 골목길을 짚어 가다 보면 골목 저쪽에서 아이들 목소리가 들려옵니다. 아이들 소리를 따라가면 태양광 램프를 가운데 두고 흙바닥에 둘러앉아 태양광 램프보다 반짝이는 눈으로 선생님을 바라보는 아이들을 만납니다. 아이들은 조그만 손으로 분필을 움켜쥐고 심각한 표정으로 선생님이 불러 주는 단어를 조그만 칠판에 적고 있습니다. 받아쓰기 중입니다. 엄마들이 만든 태양광 램프가 작은 마당을 환하게 밝히는 이곳은 밤마다 틸로니아 곳곳에서 열리는 나이트 스쿨입니다.

맨발대학은 1975년부터 마을마다 어린이들을 위한 나이트 스쿨을 열었습니다. 일반적인 초등학교를 짓지 않고 야학을 운영한 데는 이유가 있습니다. 가난한 가정의 아이들은 낮 시간에 가축을 돌보고 농사일을 거들어야 합니다. 그래서 모든 일이 끝난 밤에 교사들을 마을

로 보내는 거죠. 밤마다 마을의 공터에, 작은 헛간에 태양광 램프가 켜지고 글을 배울 수 있다는 기대와 여러 가지 호기심으로 가득 찬 아이들이 모여듭니다. 이제 인도 전역 250개 마을에서 나이트 스쿨이 열리고, 그동안 이곳에서 공부한 아이들도 2만 명이 넘는답니다.

세상에서 가장 늙고, 가장 웃기고, 가장 바쁜 할아버지

틸로니아에는 벙커보다 유명한 할아버지 한 분이 계십니다. 무려 365살로 동에 번쩍 서에 번쩍 왕성한 활동을 펼치고 있는 그의 이름은 바로 소킴차사! 어느 날 할아버지는 지나가는 여성에게 물었어요.

"당신은 하루 일당을 얼마나 받수? 엥? 2루피? 그런 임금은 내 365년 만에 처음 들어 보는구먼!"

"그럼 얼마를 받아야 하는데요?"

누군가 할아버지에게 물었지요.

할아버지는 참 딱하다는 듯이 혀를 차며 대답했어요.

"쯧쯧…….정부가 최저 임금을 7루피로 정한 게 언젠데…….''

아니, 300살이 넘은 사람이 어떻게 살아 있냐고요? 걱정 마세요. 조킴차자 할아버지는 인형이리 앞으로 500년도 너끈하게 사실 것 같으니까요. 틸로니아의 유명 인사 조킴차차 할아버지는 인도 전역을 다니며 노동자들의 정당한 권리와 부패한 마을 관리에 대해, 아이들의 영양과 여성들의 피임, 여성들의 교육에 관해 배꼽이 빠질 만큼 재미나게 이야기를 들려주신답니다. 조킴차차 할아버지는 글을 모르는 시골 사람들에게 자신의 권리와 건강에 관한 이야기를 재미있는 인형극으로 들려주는 건 어떨까 하는 맨발대학의 아이디어로 탄생했지요. 할아버지의 입담은 어느새 전 세계에 알려져 바다 건너 여기저기 초청 공연까지 다니느라 요즘 눈코 뜰 새 없이 바쁘답니다.

맨발대학은 재미있는 인형극 교육뿐만 아니라 공동체 라디오를 만들어 농사 정보, 사회 문제, 새로운 교육 소식 등을 마을 사람들에게 전하고 있습니다. 이 라디오 프로그램을 만들어 가는 사람들 역시 마을 사람들이고요. 영상 팀은 맨발대학의 수업을 기록해 교육 자료를 만들고, 그동안의 성과를 담아 홍보물을 만들기도 합니다. 의료 센터를 열어 마을 사람을 무상으로 진료하고, 맨발대학을 찾아오는 여행자나 방문자를 맞이하기 위한 게스트 하우스도 운영하고 있습니다.

세계화에 맞서는 소농의 힘
비아캄페시나

소작농, 소농, 원주민, 농장 노동자들이 거대 기업의 횡포에 맞서 지속 가능한 농업을 지켜 가기 위해 출범한 전 세계적 농민 단체입니다. 소농 중심의 가족 농업 체제를 보호하고, 생명 다양성과 환경을 지키는 활동을 작은 시골 마을에서부터 세계무역기구 WTO 회의장에 이르기까지 폭넓게 펼치고 있습니다.

비아캄페시나 Via Campesina

- **활동 분야** | 식량 주권 지키기, 토지 개혁, 농민 인권, 생명 다양성, 대안 농업 등
- **설립 연도** | 1993년
- **본부** | 인도네시아 자카르타
- **현황** | 세계 69개국의 148개 농민 단체가 회원으로 활동
- **웹 사이트** | www.viacampesina.org

비아캄페시나(Via Campesina)는 에스파냐 어로 '농민의 길'이란 뜻이지요. 피부색과 모습은 다르지만 지구 곳곳에서 땅을 녹색으로 일구어 사람들이 먹을 양식을 기르는 농부들의 당당한 모습을 나타내고 있습니다.

농업과 세상을 지키는 농민의 깃발

비아캄페시나는 세계 무역 협상에 농업이 포함되기 시작한 1993년에 설립되었습니다. 1980년대부터 유럽과 중앙아메리카, 남아메리카에서 활동해 오던 농민 단체들이 농업 개방의 위험을 경고하는 공동 선언과 함께 벨기에에서 비아캄페시나의 출범을 알렸습니다. 이어 아시아와 아프리카 농민들도 참여하면서 비아캄페시나는 전 세계를 아우르는 농민 단체로 자리매김합니다. 그런데 식량 주권, 농지 개혁, 농민의 권리 등에 관해 함께 문제를 극복하고 대안을 찾기 위해 설립된 비아캄페시나가 신자유주의와 불의에 맞서는 저항 운동을 시작하게 만든 사건이 일어납니다.

1996년 4월, 브라질 엘 도라도에서 농부들이 경작되지 않고 놀고 있는 농장을 점거하면서 사건은 시작되었습니다. 브라질에서는 인구의 1퍼센트밖에 되지 않는 거대 지주가 땅의 44퍼센트를 차지하고 있습니다. 그런데 이들은 농지의 15퍼센트만 돈이 되는 수출 작물을 경작하고 나머지 땅은 버려 둡니다. 농사를 짓고 싶어도 땅이 없어 지을 수 없는 가난한 농민들로서는 분통 터지는 일이지요. 이런 부당한 상황에 저항하기 위해 몇몇 농부들이 빈 농장에 들어가 농사를 짓기 시작한 것입니다. 그리고 농부들이 땅을 갖고 농사를 지을 수 있도록 법을 마련하라고 요구하기 위해 브라질 수도로 행진을 시작했습니다. 행진에 동참하는 농민들이 점점 불어났지요. 하지만 무장한 경찰들이 그들 앞을 가로막았습니다. 농부들이 흩어질 기색 없이 앞으로 나아가려 하자 무서운 총성이 사방을 뒤흔들었습니다. 경찰의 총구가 불을 뿜었고 아무런 도구도 방패도 없는 농민들은 피를 흘리며 속절없이 쓰러졌습니다. 단지 농사지을 땅이 필요하다고 주장했다는 이유로 19명이 죽고 60여 명이 다친 것입니다.

  이 사건을 계기로 그해 9월 멕시코에서 국제 총회를 개최한 비아캄페시나는 농업을 투기와 돈벌이로만 생각하는 거대 지주와 정부에 맞서 더욱 강력한 국제 활동을 펼치기로 결의합니다. 세계무역기구 WTO, 세계은행 IBRD, UN 식량농업기구(FAO, Food and Agriculture

Organization of the United Nations)에서 농업과 식량 문제를 논의하는 자리에는 언제나 비아캄페시나가 있었습니다. 비아캄페시나는 농민의 권리를 지키는 데서 나아가 신자유주의가 불러온 세계화와 자유 무역에 반대하고, 기후 변화와 유전지 보전 문제에 대해서도 목소리를 높이며 활동 폭을 넓혀 가고 있습니다.

쟁기와 호미로 세계화에 맞선 농부들

달리기 시합에 내몰린 농업

괘괭쨍쨍 찡꽤괘괭! 쨍과리를 앞세운 풍물 소리가 높아지면 농악대를 뒤따르던 사람들의 어깨춤에도 흥이 오릅니다. 한 해의 풍년과 복을 비는 정월 대보름 등 큰 잔치가 열리면 지금도 시골 마을에서는 농악대가 마을을 누비며 풍물을 울리지요. 농악대를 뒤따르는 깃발에는 어김없이 이런 글귀가 쓰여 있습니다.

"農者天下之大本(농자천하지대본)"

농자천하지대본이란 농사는 하늘 아래 가장 근본이 되는 중요한 일이라는 뜻입니다. 백성의 대다수가 농사를 짓던 시대의 말이지만 지금도 중요함이 다르지 않습니다. 제아무리 과학과 의학이 발달한다 해도 우리 모두 먹지 않고는 살 수 없으니까요.

오늘날에도 농업이 여전히 중요하지만 상황은 크게 바뀌고 말았습니다. 농사가 큰 장사거리로 떠오른 것이지요. '신자유주의'라는 경제 정책이 세계 경제의 흐름을 바꿔 놓으면서부터입니다. 1994년 4월 아프리카 모로코의 마라케시에서는 이후 세계 경제를 뒤흔들 중대한 결정이 이루어지고 있었습니다. 미국과 영국의 주도로 세계 각료들이 모여 7년 동안이나 협상한 우루과이 라운드의 최종 의정서와 세계무역기구 WTO의 설립 협정서에 서명한 것입니다. 그동안 나라마다 자국의 경제를 보호하기 위해 펼쳤던 정책을 모두 철폐해 시장을 개방하고 자유 무역을 확대해 나간다는 이 결정이 바로 신자유주의의 시작이었습니다. 우루과이 라운드에 많은 비판이 쏟아졌는데 그 가운데서도 가장 큰 문제는 농업이었습니다.

그동안 나라마다 자국의 농업을 보호하기 위해 농산물 수입량을 제한하고 농부들에게 보조금을 주거나 수입 농산물에 높은 세금을 매겨 왔습니다. 그런데 이런 보조금과 세금을 없애면 외국의 값싼 농산물이 밀려 들어와 경쟁에서 살아남지 못하는 품목은 설 곳을 잃고 결국 사라지게 되겠지요. 우리의 주식인 쌀이 이렇게 된다면 어떨까요? 농업은 한 나라의 생존이 달린 일인데, 값싸게 들어오는 농산물에 밀려 농부들이 망하게 되면 자기 곳간의 열쇠를 다른 이에게 내주는 꼴이 됩니다. 자신의 먹을거리를 생산할 수 없는 나라는 항상 다른 나라에 의존해야 할 것이고 이는 생존이 다른 이의 손에 달린 노예와 다를 바가 없겠지요.

비아캄페시나는 모든 나라가 자기 나라에서 경작할 작물을 결정할 권리가 있고 모든 농민이 자기가 무엇을 재배하고 어디에 어떻게 판매할 것인지 결정할 권리가 있다는 '식량 주권'을 처음으로 제안하고 소리 높여 외쳐 왔습니다. 그리고 식량 주권을 지키기 위해서는 땅에 대해 다시 생각하는 농업 개혁이 필요하다고 주장하고 있습니다.

땅과 씨앗은 자연이 우리 모두에게 준 선물

농업 개혁의 가장 중요한 부분은 바로 땅입니다. 땅은 공기처럼 생명이 살아가는 데 없어서는 안 되는 기본 조건입니다. 비아캄페시나는 땅이 시장에서 사고파는 물건이 되어서는 안 되며, 투기의 대상이 되어서는 더욱 안 된다고 생각합니다. 땅은 인류가 존재하기 전부터 있었고, 자연이 우리 모두에게 준 선물입니다. 그래서 땅은 모든 사람들의 공익을 위해 사용되어야 하고, 땅에서 일하며 가족과 생계를 꾸려 가는 사람들에게 고루 주어져야 한다고 비아캄페시나는 주장합니다.

   땅을 농부들에게 돌려주고, 거대 기업을 위한 농업이 아니라 농부들에 의한 농업을 살리는 것은 자연과 문화를 지키는 일이기도 합니다. 농업은 인류의 가장 오래된 문화 중의 하나입니다. 지역마다 기후가 다르고 지형이 달라 다양한 방식으로 여러 가지 곡식을 길렀으며, 그것은 우리의 먹을거리가 되고, 옷이 되고, 생활 도구가 되고, 살아가는 철학의 바탕이 되었습니다. 그래서 지역의 농업이 죽어 간다는 것은 그와 함께 이어 온 생활 문화도 사라진다는 뜻입니다.

땅뿐만이 아닙니다. 옥수수, 밀, 쌀을 비롯한 세계 곡물 거래 또한 각지에 자회사를 두고 전 세계를 상대로 장사를 하는 다국적 기업의 손아귀에 놓여 있습니다. 농사에 필요한 종자 시장을 지배하고, 생산된 곡물을 누구에게 얼마에 팔 것인지를 결정하는 것은 농부가 아니라 미국과 유럽의 다국적 기업입니다. 곡물을 가공해 다양한 상품으로 만드는 것 역시 네슬레(스위스), 유니레버(영국), 코카콜라(미국) 같은 다국적 기업들이지요.

또한 다국적 종자 기업이나 제약 기업들은 종자와 중요한 작물 등

의 생명체에 특허권을 부여해 자신들만이 사용할 수 있는 권리로 만들어 버렸습니다. 정작 유전자원을 지키고 생명 다양성을 유지해 온 농민, 어민, 원주민 들을 그 권리에서 소외시켜 버린 거지요. 이제 농민은 자기가 기른 농작물의 씨앗을 받아 농사를 이어 가는 것이 아니라 해마다 다국적 기업의 씨앗을 사야 하는 처지가 되었습니다. 비아 캄페시나는 씨앗의 주인은 그것을 기른 농부이며 더 나아가 인류 전체의 자산임을 강조합니다.

가장 오래된 직업의 희망

세계 문제나 앞으로의 대안을 이야기할 때 언제나 등장하는 말 중에 하나가 '지속 가능성'입니다. 지속 가능한 성장, 지속 가능한 사회, 지속 가능한 도시, 지속 가능한 관광, 지속 가능한 디자인 등 끝이 없지요. '지속 가능성'이란, 말 그대로 계속 유지할 수 있어야 한다는 뜻입니다. 누군가의 희생이나 자연을 파괴하며 이루어지는 성장이나 지속이 아니라 사람과 사람이, 사람과 자연이 공존할 수 있는 지속을 뜻하지요. 그런데 왜 이렇게 많은 곳에 지속 가능이란 말을 붙이는 걸까요? 그건 거꾸로 지금의 현실이 지속 가능하지 않기 때문입니다. 다양한 분야에서 지속 가능한 대안적인 방안을 찾고 실험하고 있는 것입니다.

그렇다면 농업의 지속 가능성은 어떻게 이룰 수 있을까요? 지속 가능한 농업은 자연을 파괴하지 않는 방법으로 땅을 경작할 때 가능합니다. 농업은 어떤 분야보다 자연과 직접 연결되어 있습니다. 지금처럼 계속 숲을 밀어 거대한 옥수수 농장을 세우고, 엄청난 양의 농약을 뿌려 댄다면 자연은 버틸 수가 없습니다. 우리는 다음 세대를 위해 땅, 물, 식물, 동물, 광물 등 지구의 모든 자연과 자원을 보존하고 저장해 둘 의무가 있습니다. 그리고 건강한 먹을거리를 생산하고 환경을 보호하는 친환경 농업을 더욱 발전시켜야 하지요.

비아캄페시나는 지역의 자연과 문화, 철학이 녹아 있는 전통적인 농업 방식을 지켜 나가면서 새로운 친환경 농법을 개발하고 도입하는 일에도 적극적입니다. 또한 농부가 생산한 작물을 유통업체를 거치지 않고 사람들이 직접 살 수 있는 농민 시장이나 도시와 농부의 결연 같은 대안 유통 방식에 대해서도 다양한 시도를 하고 있습니다.

농업은 인류의 가장 오래된 산업으로, 인류의 생존에 바탕이 되는 먹을거리를 생산하고 자연을 존중하며 서로 돕고 지혜를 나누는 삶의 방식이 참된 농업의 모습입니다. 농민이 스스로 주인이 되어 자신의 땅을 건강하게 일구어 가족을 먹이고, 마을을 먹이고, 나라를 먹이고, 세상을 먹일 수 있을 때 진정한 지속 가능한 사회를 이룰 수 있습니다.

한국의 농민 운동

동학 농민 운동에서 시작된 농민들의 함성

농민 운동이야말로 세상에서 가장 오래된 운동일 거예요. 고대 국가가 성립되던 철기 시대부터 농민들에게 세금으로 곡식을 걷기 시작했으니 아마 그 시대에도 과도한 세금에 불만을 품은 농민들이 있었겠지요. 역사를 통해 탐관오리에 대항하는 농민들의 저항은 계속되어 왔지만 근대적인 농민 운동의 시작은 1894년 조선 말 고종 때 일어난 동학 농민 운동이라 할 수 있습니다. 동학 농민 운동은 탐관오리의 처벌 문제뿐만 아니라 평등사상과 반외세 사상을 주장하며 수천 명의 농민들이 참여한 대규모 농민 운동이었지요. 이런 농민들의 사회 참여 운동은 일제 강점기와 해방 직후에도 계속 이어지다가 한국 전쟁으로 그 맥이 끊기게 됩니다.

그리고 다시 그 기운이 모아진 것은 1960년대 '한국가톨릭농촌청년회'가 설립되면서부터였지요. 1970년대에는 경제 개발에서 산업 발전이 우선시되면서 농민들이 점점 설 곳을 잃게 되자 빚더미에 올라앉은 수많은 농민들이 도시로 떠나게 되었습니다. 농촌을 살리는 문제는 정치에 달려 있음을 깨달은 농민들이 농민 운동의 필요성을 느끼게 되면서 지역별 농민 단체들이 속속 생겨나고, 1990년 이들이 하나로 뭉친 '전국농민회총연맹'이 탄생하게 되지요.

1990년대 농민 운동은 우루과이 라운드와 자유 무역 반대에 온 힘을 기울였습니다. 하지만 세계의 거대한 흐름을 막을 수 없었고 이제 한국의 농민 단체들은 국제 연대의 중요성을 느끼고 비아캄페시나의 회원이 되거나 협력하면서 도시인과 함께하는 운동을 펼치고 있습니다.

　가장 오랜 역사를 자랑하는 단체는 '한국가톨릭농민회'입니다. 땅을 살리고 세상을 살리는 유기 농업을 실천하고, 소비자인 도시와 생산자인 농촌을 연결하며, 환경 오염과 자연 생태계 파괴를 반대하는 살림 운동을 펼쳐 가고 있지요. '전국농민회총연맹'은 광우병 쇠고기, 채소 값 폭등 등 먹을거리 문제가 농업과 농민 문제와 직결된다는 것을 알리고 자유 무역을 반대하며 북한 쌀 지원 등 통일을 위한 활동도 함께하고 있습니다. '전국여성농민총연합'은 여성 농민 인권 지키기, 우리 씨 지키기, 토종 종자 지키기 등 여성 농민과 함께하는 운동을 펼치고 있습니다.

세상을 바꾸는 25달러
키바

키바는 개인이 개인에게 돈을 빌려 줄 수 있도록 연결해 주는 국제단체입니다. 가난의 굴레에서 벗어나 자립을 꿈꾸는 사람들과 작은 도움으로 누군가의 삶을 바꾸는 일에 참여하고자 하는 사람들을 연결해 주고 있습니다.

키바 KIVA
- **활동 분야** | 소액 대출(마이크로 크레딧) 등
- **설립 연도** | 2005년
- **본부** | 미국 샌프란시스코
- **현황** | 138만 회원의 자금 지원을 바탕으로 67개국에서 190개의 지역 파트너와 함께 100만 명에게 4000억 원이 넘는 대출 활동
- **웹 사이트** | www.kiva.org

키바의 창립자 매트 플래너리는 대학 시절 사람들이 서로를 돕는 일의 의미를 표현할 단어를 찾다가 이 단어를 찾게 되었습니다. 아프리카 동부에서 널리 쓰이는 스와힐리 어로 화합, 일치, 조화를 뜻하는 '키바'. 청소년 시절 록 스타를 꿈꾸었던 매트는 키바를 보고 '기타'를 떠올렸지요. 잊었던 자신의 꿈을 떠올리게 한 말, 키바는 사람들의 꿈을 실현해 주고 싶은 마음이기도 합니다.

25달러의 마법

작은 도움으로
삶을 바꿀 수 있는,
우리 한 사람 한 사람이 바로
은행가입니다.

생선 장수 아주머니에게 버스비를 빌려 준다면?

2004년, 대학을 갓 졸업한 스물다섯 살 청년 매트와 제시카는 그해 결혼식을 올리고 아프리카로 여행을 떠났습니다. 언제나 새로운 아이디어 떠올리는 것을 좋아하는 매트는 기업가가 되고 싶었고, 제시카는 아프리카에서 다른 사람들을 도울 방법을 찾고 있었죠.

두 사람은 아프리카의 시골 마을과 시장을 돌아보며 그곳에 사는 사람들을 만나고 그들의 이야기를 듣는 것을 좋아했어요. 어느 날, 우간다의 작은 마을 장터를 지나다가 씩씩한 목소리로 생선을 팔고 있는 아주머니가 어찌나 활기가 넘치는지 다가가 이야기를 나누게 되었지요.

아주머니에겐 일곱 명의 아이가 있는데 남편이 세상을 떠나 아이들을 굶기지 않으려면 열심히 일해야 한다고 했어요. 그런데 이렇게 하루 종일 장사를 해도 겨우 하루 먹을 돈밖에 벌지 못해 아이들을 공부시킬 여력이 없다고 걱정했지요. 버스로 두 시간만 가면 생선을 더 싸게 사 올 수 있는데 그것도 어렵다는 거예요. 이유를 물으니, 버스표를 살 돈이 없다는 겁니다.

매트와 제시카는 너무나 놀랐지만 티를 낼 수는 없었습니다. 그들에게는 당장 서랍만 열어도 굴러다닐 액수인데, 이들은 그 몇 푼이 없어서 불안한 삶에서 벗어날 수 없다는 사실이 충격이었지요. 이렇게 열심히 살고 있는데도 말이죠. 여행 내내 매트와 제시카는 생선 장수 아주머니 같은 형편의 사람들이 한둘이 아니란 걸 알게 되었습니다. 그리고 이렇게 가난한 사람들에게 돈을 빌려 줄 은행은 없고 설사 빌려 준다 해도 이자가 너무 비싸 갚을 수도 없다는 사실도 알았습니다.

두 사람은 여행 오기 전에 함께 들었던 강연을 떠올렸죠. 강연자는 자신이 어떻게 은행 만들 결심을 하고 가난한 사람들에게 아무런 담보 없이 돈을 빌려 주게 되었는지, 돈을 빌린 사람들의 삶이 어떻게 바뀌었는지 들려주었습니다. 가슴이 떨릴 정도로 놀라운 이야기였지요. 그 강연자는 바로 가난한 사람들에게 돈을 빌려 주는 최초의 은행인 방글라데시 그라민은행을 만든 무함마드 유누스였어요.

생선 장수 아주머니에게 누군가 버스비를 빌려 준다면 그 작은 돈이 아주머니와 일곱 아이들의 삶을 바꿀 수도 있지 않을까? 여행이 끝날 무렵, 매트와 제시카는 자신들이 무엇을 해야 할지 깨달았습니다. 그들은 은행을 만드는 대신 개인이 개인에게 직접 돈을 빌려 줄 수 있는 연결 고리를 만드는 아이디어를 떠올렸습니다. 여행과 만남이 씨앗이 된 따뜻한 아이디어, 이렇게 키바는 시작되었습니다.

누구나 가난한 사람을 위한 은행가가 될 수 있다

가난과 돈, 그리고 사랑이 만날 때

키바는 온라인에서 개인이 개인에게 담보 없이 돈을 빌려 주는 최초의 NGO입니다. 매트와 제시카가 미국으로 돌아와 시작한 일은 바로 웹 사이트를 만드는 것이었습니다. 돈을 빌리고 싶은 사람은 이 웹 사이트에 필요한 돈의 액수와 이유를 올리고, 돈을 빌려 줄 사람은 그 사연을 보고 빌려 주고 싶은 사람을 정해 25달러(약 3만 원)를 빌려 줍니다. 여러 명이 25달러씩 빌려 주어 필요한 돈이 모이면, 세계 67개 지역에서 키바와 협력하고 있는 190여 개의 단체를 통해 그 돈이 그 사람에게 전달되죠. 그리고 6~18개월 뒤에 돈을 빌려 준 사람은 돈을 되돌려 받게 됩니다. 웹 사이트 하나로 가난의 굴레를 벗어나 자립을 꿈꾸는 사람들과 작은 도움으로 누군가의 삶을 바꾸는 일에 참여하고자 하는 사람들을 이어 주는 일이 시작된 거죠.

2005년 10월에 본격적인 활동을 시작한 키바에 뜨거운 관심이 쏟아졌습니다. 단번에 그해 미국에서 가장 많은 소액 대출이 일어나는 사이트로 성장했고, 수많은 블로그와 뉴스에 키바의 이야기가 오르내렸습니다. 사람을 움직인 것은 누군가를 돕고 싶다는 순수한 마음이었습니다. 사람들은 거창하고 어마어마한 돈이 아닌, 단 25달러로 자신이 돕고 싶은 사람을 직접 도우면서 나도 누군가의 삶을 도울 수 있음을 깨달을 수 있었습니다.

채 10년도 되지 않아 키바는 엄청난 성과를 이루었습니다. 그동안 90만 명이 기꺼이 돈을 빌려 주고, 100만 명이 대출을 받아, 총 금액이 무려 4억 1000달러(약 4300억 원)에 이르렀습니다. 더욱 놀라운 것은 일반 은행에서 돈 갚을 능력이 없다고 여겼던 이 가난한 사람들

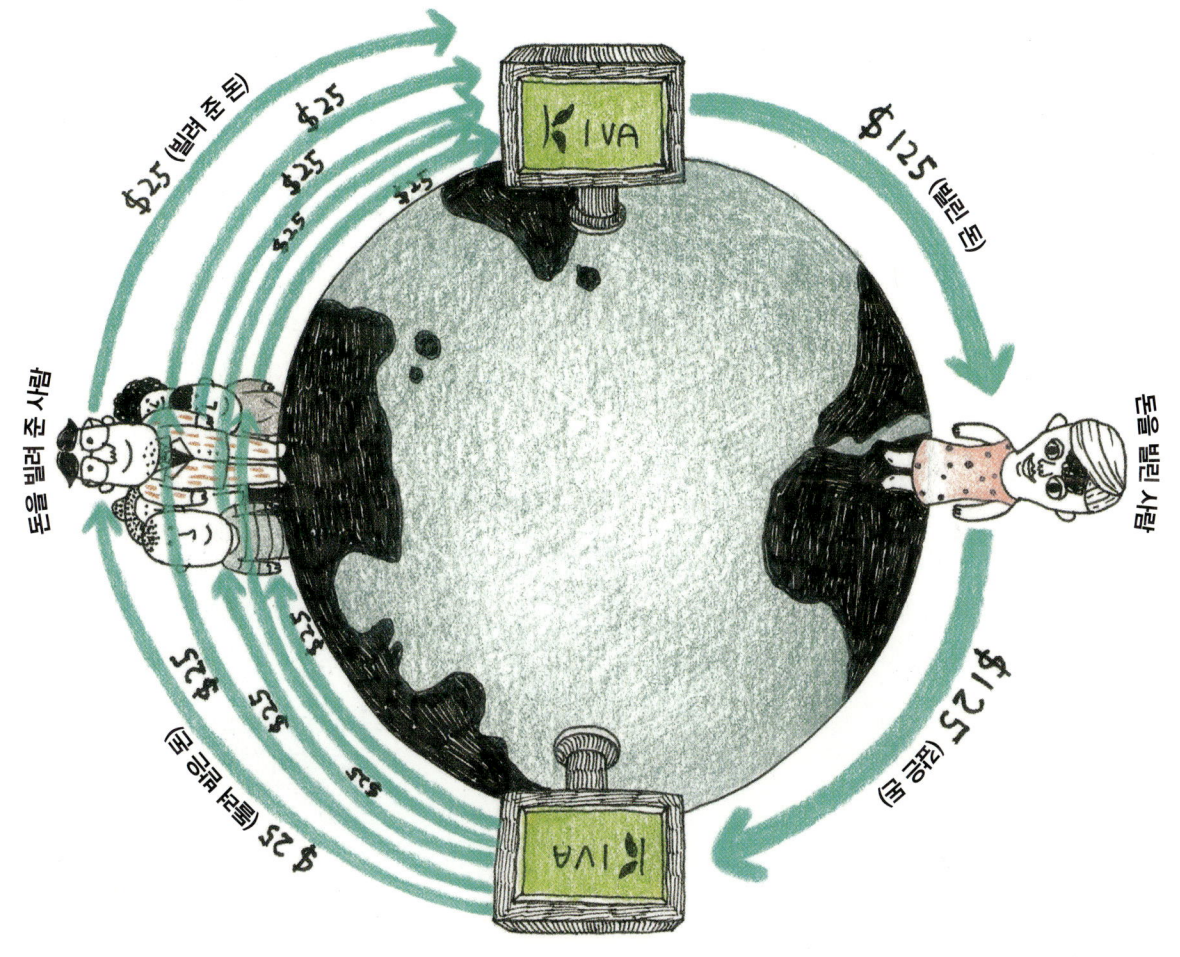

의 99퍼센트가 돈을 갚은 것입니다.

　가난하지만 삶의 의지를 가진 사람들에게는 일방적인 도움이 아니라 그들 스스로 자부심과 책임감을 갖도록 하는 것이 얼마나 중요한지를 보여 주는 놀라운 일이었습니다. 돈을 빌려 준 사람 또한 자신의 작은 투자로 삶의 희망을 만든 사람의 이야기를 들으며 큰 감동

을 받았습니다. 이들은 돌려받은 돈을 또다시 다른 사람에게 빌려 주고, 주변 사람들에게 알려 이 일에 동참하도록 했습니다. 도움을 준 사람 또한 변하고 있었던 거지요. 서로가 서로를 감동시키는 사랑의 투자와 대출은 이렇게 계속 성장해 가고 있습니다.

여성들에게 돈을 빌려 주자

키바는 농부, 수공업자, 목수, 구두 수선공, 재단사 등 다양한 사람들에게 돈을 빌려 줍니다. 그 가운데서도 여성들에게 대출하는 것을 가장 중요하게 생각하지요.

일반 은행에서는 여성들이 대출받기가 아주 까다롭습니다. 땅이나 집 같은 담보가 있는 여성들이 그만큼 적기 때문이지요. 반대로 키바는 여성들이 가장 먼저 대출을 받아야 한다고 생각했어요. 여성들은 수입의 90퍼센트를 가족을 위해 쓰기 때문이지요. 가난한 가족의 엄마는 거의 모든 돈을 가족의 건강과 교육과 생활에 온전히 쓰기 때문에 여성을 돕는 것이 가난한 사람들을 일으키는 가장 빠른 길이라고 본 것이에요.

매트와 제시카가 아프리카 여행에서 만난 우간다의 생선 장수 오말라 아주머니는 키바에서 11명의 도움으로 500달러(약 53만 원)를 대출받았습니다. 아주머니는 그 돈으로 버스를 타고 도매 시장에 가서 싼값에 많은 생선을 사 와서 장사할 수 있었습니다. 그리고 여섯 달 뒤 빌린 돈을 갚으며 키바에 이런 소식을 전해 주었습니다.

"생선 장사가 잘되어 아이들을 학교에 보내고, 소 두 마리와 염소 다섯 마리도 기르게 되었습니다. 또 저축도 하고 있어요. 정말 감사합니다."

이렇게 여성을 지원하면 가족의 삶이 나아질 뿐 아니라 자녀의 삶에도 커다란 영향을 끼칩니다. 아이들은 교육을 받고, 제대로 된 음식을 먹을 수 있습니다. 또한 소 몇 마리를 얻기 위해 딸을 일찍 시집보내는 일도 줄어들지요.

사람과 지구를 위한 녹색 대출

키바는 수많은 사람이 새로운 사업을 할 수 있게 돕는 것을 넘어 좀 더 친환경적인 사업을 하도록 지원하고 있습니다. 농부들이 화학 비료와 농약으로 범벅된 농산물을 사용하는 대신 친환경적으로 농사를 지을 수 있게 하고, 바이오 연료를 쓸 수 있게 돕습니다. 또한 전기가 없는 곳에 태양광 램프를 밝힐 수 있도록 홍보하고 지원합니다.

케냐의 시골 마을에 사는 모리스 씨는 아내와 네 아이들을 돌보며 농사를 짓습니다. 이웃들이 다 그렇듯 해가 지면 어둠 속에 앉아 이야기를 하거나 일찍 잠자리에 듭니다. 낮에 부모님 일을 돕느라 숙제를 다 하지 못한 아이들도 칭얼대다 잠이 듭니다. 등유 램프가 있지만 기름 값이 비싸서 날마다 켤 수 없으니 안타까운 노릇입니다.

2010년 여름, 모리스 씨는 키바와 협력하고 있는 카데트라는 회사를 통해 누구에게나 돈을 빌려 주는 곳이 있다는 것을 알게 되었죠. 그는 인터넷을 할 줄 모르지만 카데트의 도움으로 키바에 300달러(약 32만 원) 대출 신청을 올렸고 한 달이 채 안 되어 필요한 돈을 빌릴 수 있었습니다. 빌린 돈으로 모리스 씨는 낮에 태양광으로 전기를 만들어 저장했다가 밤에 쓸 수 있는 '선샤인 박스'를 구입했습니다. 모리스 씨의 아이들은 이제 해가 져도 태양광 램프를 밝히고 공부를 할 수 있습니다. 그리고 모리스 씨는 열심히 농사를 지어 1년 뒤에 빌린 돈을 모두 갚았지요. 키바를 통해 지구 반대편에 있는, 얼굴도 본 적 없는 사람들이 보내 준 돈은 희망의 전기가 되어 지금도 모리스 씨 가족을 밝히고 있습니다.

위기에 처한 사람들에게 내민 손

2013년 1월 27일 일요일 아침, 아프리카 부룬디의 수도 부줌부라에 있는 가장 큰 시장에서 불길이 치솟았습니다. 불길은 나무로 지은 점

포들을 집어삼키고 점점 커져서 도시 전체가 검은 연기로 뒤덮였습니다. 저녁이 되어서야 불길을 잡았지만 10명이 죽고, 수천 명의 집과 재산이 잿더미로 변한 뒤였습니다. 부룬디 정부는 복구 대책을 내놓지 못하고 허둥대기만 했습니다.

피해의 심각성을 파악한 키바는 긴급 대출 모금을 시작했습니다. 며칠 사이 대출금 9만 달러(약 1억 원)가 마련되어 화재로 모든 것을 잃은 사람들에게 대출을 해 주었습니다.

옷을 파는 노점과 함께 소중히 모은 돈까지 모두 잃은 서른다섯 살 압둘은 키바에서 대출한 500달러로 가족과 함께 다시 시작할 수 있다는 희망을 찾았습니다.

이렇게 키바는 대형 재해나 사고로 긴급한 도움이 필요한 곳에 신속한 대출 모금을 하기도 하고, 전쟁으로 어려움에 처한 사람들의 삶을 돕는 등 대출 영역을 확대해 가고 있습니다. 뿐만 아니라 새로운 기술 개발을 위한 대출, 공정 무역을 위한 대출, 청년의 첫 사업을 위한 대출 등 다양한 방식으로 가난한 사람들의 꿈을 후원하고 있습니다.

세상의 편견을 뒤집은 유누스 박사와 그라민은행

작은 규모의 대출 협동조합은 수백 년 전부터 있었지만 현대적인 소액 대출 은행의 시작은 방글라데시 치타공 대학교 경제학과 교수였던 무함마드 유누스 박사가 가난한 여성들에게 대출을 실험하기 시작하면서부터였어요.

그는 이 일이 얼마나 중요한지 깨닫고 1983년에 그라민은행을 설립해 본격적인 대출을 시작하지요. 그라민은행은 많은 사람들에게 깊은 감명을 주어 이후로 이를 모델로 한 소액 대출 기관이 속속 생겨나게 되었습니다. 그리고 유누스 박사가 그라민은행을 통해 보여 준 정신과 성과는 높은 평가를 받아 그는 2006년 노벨 평화상을 수상했답니다.

사람들은 가난한 사람들은 게으르고 책임감이 없기 때문에 빌린 돈을 제대로 갚지 못할 거라고 생각했습니다. 게다가 은행들은 담보나 보증으로 돈을 갚을 능력이 있음을 증명해야 돈을 빌려 주었기 때문에 가난한 사람들은 은행에서 돈을 빌릴 엄두도 낼 수 없었지요. 그런데 유누스 박사의 실험은 세상의 편견을 보기 좋게 뒤집어 버렸습니다. 그라민은행에서 돈을 빌린 사람들의 98퍼센트가 새로운 삶의 희망을 일구어 돈을 갚았기 때문입니다. 중요한 것은 새로운 삶을 시작할 기회를 주는 것이었지요.

2달러도 안 되는 돈으로 하루를 살아가야 하는 사람들이 이 지구상에는 무려 26억 명이나 됩니다. 밥을 먹고, 불을 때는 것만으로도 모자랄 돈이지요. 이들에게는 새로운 종자를 사서 농사를 더 많이 지어 보는 것도, 가축을 사서 기르는 것도, 재봉틀을 마련해 작은 수선집을 차리는 것도 버거운 일입니다. 그것을 시작할 돈을 마련할 수 없기 때문입니다. 이런 삶을 바꿀 수 있는 적은 금액의 돈을 담보 없이 낮은 이자로 빌려 주는 것이 바로 소액 대출입니다. 그라민은행에서 영감을 얻은 오늘날의 소액 금융 기관은 작은 비영리 단체에서 대형 상업 은행까지 다양한 방식으로 그 폭이 넓어지고 있답니다.

희망을
만드는 사람

　세상이 위기에 서 있다고들 말합니다. 문제가 너무도 많다고 합니다. 경제 문제, 환경 문제, 자원 문제, 교육 문제 들이 서로 얽히고설켜 이렇게 풀어야 한다, 저렇게 풀어야 한다, 의견이 분분합니다. 그만큼 쉽게 풀리기 어려운 상황이라는 것이겠지요. 이럴 때일수록 중요한 것은 함께 답을 찾는 것입니다. 이런 문제들이 나와 무관한 것이 아니니까요.

　어린이라고 아무런 힘이 없는 것이 아니지요. 캐나다에 사는 친구 빌라 알은 네 살 때부터 인도 지진 피해자들을 돕기 위해 스스로 오렌지를 팔며 모금을 했다고 해요. 그 뒤로 재난과 질병, 가난으로 고통받고 있는 친구들을 위해 어린이 NGO를 만들어 모금 활동을 계속했다니, 정말 대단하지요? 우리나라에서는 이런 일도 있었답니다. 서울 당산 초등학교 5학년 2반 어린이들은 교과서에서는 자전거 타기가 좋다고 하는데, 학교에서는 위험하니 자전거를 타고 오면 안 된다고 하는 걸 이해할 수 없었어요. 아이들은 토론 끝에 자전거 도로가 없어서 위험한 거니까, 서울시에 자전거 도로를 만들어 달라고 요청하기로 결정했지요. 그러곤 학교 주변 도로 상황을

조사하고 자전거의 좋은 점을 학교에 홍보하면서 그 내용을 모아 서울 시장에게 편지를 썼어요. 어린이들의 진심 어린 노력과 지혜에 감동한 서울시는 마침내 당산 초등학교 등굣길에 자전거 도로를 설치하게 되었답니다.

  변화와 희망은 그것을 꿈꾸는 사람들을 통해 현실이 되지요. 희망은 특별한 사람들만 만드는 것이 아니라 평범한 사람들의 작은 소망에서부터 시작되곤 합니다. 나 아닌 다른 것들을 염려하고 도우려는 마음, 문제가 있으면 불평하기보다는 해결책을 궁리하는 지혜, 남을 탓하기보다는 내가 먼저 실천하는 행동, 거기서 희망의 씨앗이 자라나고 있답니다. 우리 안에서는 어떤 희망이 자라나고 있을까요? 우리는 어떤 희망을 만드는 사람이 될까요?

글쓴이 이혜영

나도 즐겁고 세상에도 보탬이 되는 일이 무엇일까 궁리하다 환경 단체 녹색연합에서 일하며 생태 잡지 『작은것이 아름답다』를 만들고, 평화 단체 이매진피스에서 분쟁 지역에 평화 도서관 만드는 일을 해 왔습니다. 지금은 제주도 산골 마을에서 고양이 로로와 지내며 마을 출판사를 열고 이웃들과 함께 마을과 세상에 보탬이 될 즐거운 일을 준비하고 있습니다. 쓴 책으로 『갯벌, 무슨 일이 일어나고 있을까?』가 있고, 함께 쓴 책으로 『희망을 여행하라』, 『산골마을 작은학교』가 있습니다.

그린이 소복이

서강 대교 아래에서 만화도 그리고 그림책 작업도 하면서, 좋아하는 사람들과 함께 재미있게 살고 있습니다. 환경 단체 녹색연합에 「소복이의 그린 세상」을 연재했고, 인권과 환경 등에 관심이 많아 관련 그림 그리는 일을 좋아합니다. 그린 책으로 『자원봉사도 고민이 필요해』, 『바다는 수수께끼투성이』 등이 있고, 지은 만화책으로 『이백오 상담소』, 『시간이 좀 걸리는 두 번째 비법』 등이 있습니다.

인권도 난민도 평화도 환경도 NGO가 달려가 해결해 줄게

2014년 1월 15일 1판 1쇄
2024년 3월 15일 1판 8쇄

글쓴이: 이혜영 | 그린이: 소복이

편집: 최일주, 이혜정, 이현주 | 디자인: 권소연 | 교정: 한지연 | 제작: 박홍기
마케팅: 이병규, 양현범, 이장열, 김지원 | 홍보: 조민희
출력: 한국커뮤니케이션 | 인쇄: 코리아피앤피 | 제책: J&D바인텍

펴낸이: 강맑실 | 펴낸곳: (주)사계절출판사 | 등록: 제406-2003-034호 | 주소: (우)10881 경기도 파주시 회동길 252 | 전화: 031) 955-8588, 8558 | 전송: 마케팅부 031) 955-8595 편집부 031) 955-8596 | 홈페이지: www.sakyejul.net | 전자우편: skj@sakyejul.com | 페이스북: facebook.com/sakyejulkid | 블로그: blog.naver.com/skjmail | 인스타그램: instagram.com/sakyejulkid

ⓒ 이혜영, 소복이 2014

값은 뒤표지에 적혀 있습니다. 잘못 만든 책은 구입하신 서점에서 바꾸어 드립니다.
사계절출판사는 성장의 의미를 생각합니다. 사계절출판사는 독자 여러분의 의견에 늘 귀 기울이고 있습니다.
이 책은 저작권법에 따라 보호받는 저작물이므로 무단전재와 복제를 금합니다.

ISBN 978-89-5828-713-1 73330
ISBN 978-89-5828-770-4 (세트)